会计基础技能实训

Practical Training of Accounting Basic Skills

刘 飞 ● 主编

复旦大学 出版社

目　录

第一章　文字数字书写技能

第一节　会计文字书写规范 …………………… 001
（一）文字书写要求 …………………… 001
（二）错误文字更正 …………………… 005
（三）典型实训范例 …………………… 006
（四）技能实训 ………………………… 006

第二节　会计数字书写规范 …………………… 008
（一）数字书写要求 …………………… 008
（二）错误数字的更正方法 …………… 010
（三）典型实训范例 …………………… 011
（四）技能实训 ………………………… 012

第二章　钞票的认知与清点技能

第一节　人民币真伪识别 ……………………… 014
（一）了解人民币 ……………………… 014
（二）残币的兑换规定 ………………… 015
（三）假币识别及处理 ………………… 016
（四）典型实训范例 …………………… 021
（五）技能实训 ………………………… 024

第二节　单指单张点钞法 ……………………… 025
（一）点钞的基本流程 ………………… 025
（二）点钞的基本要求 ………………… 026
（三）单指单张点钞法 ………………… 027
（四）典型实训范例 …………………… 029
（五）技能实训 ………………………… 030

第三节　多指多张点钞法 ……………………… 030

　　　　（一）点钞的基本流程 …………………………… 031
　　　　（二）手持式四指点钞法 …………………………… 031
　　　　（三）典型实训范例 …………………………… 032
　　　　（四）技能实训 …………………………… 033
　　第四节　外币识别 …………………………… 033
　　　　（一）美元 …………………………… 034
　　　　（二）欧元 …………………………… 037
　　　　（三）日元 …………………………… 041
　　第五节　机器点钞 …………………………… 044
　　　　（一）点钞机的认知 …………………………… 044
　　　　（二）机器点钞的基本方法 …………………………… 045
　　　　（三）机器点钞的注意事项 …………………………… 048
　　　　（四）典型实训范例 …………………………… 049
　　　　（五）技能实训 …………………………… 049

第三章　录入技能

　　第一节　计算器的使用 …………………………… 051
　　　　（一）计算器的功能和使用规范 …………………………… 051
　　　　（二）计算器的维护 …………………………… 056
　　　　（三）典型实训范例 …………………………… 056
　　　　（四）技能实训 …………………………… 058
　　第二节　小键盘数字录入技能 …………………………… 059
　　　　（一）小键盘的基本指法 …………………………… 059
　　　　（二）典型实训范例 …………………………… 062
　　　　（三）技能实训 …………………………… 064
　　第三节　翻打传票 …………………………… 068
　　　　（一）认识传票 …………………………… 068
　　　　（二）传票翻打的基本规范 …………………………… 070
　　　　（三）典型实训范例 …………………………… 076
　　　　（四）技能实训 …………………………… 079

第四章　珠算技能

　　第一节　珠算文化 …………………………… 084
　　　　（一）认识算盘 …………………………… 084

（二）算盘的结构与记数 ·············· 085
　　　（三）典型实训范例 ·············· 088
　　　（四）技能实训 ·············· 092
　第二节　珠算加减法 ·············· 095
　　　（一）拨打算盘的基本指法 ·············· 095
　　　（二）珠算加法的规范与指法 ·············· 100
　　　（三）珠算减法的规范与指法 ·············· 102
　　　（四）典型实训范例 ·············· 103
　　　（五）技能实训 ·············· 105
　第三节　珠算乘除法 ·············· 109
　　　（一）珠算乘法的规范与指法 ·············· 109
　　　（二）珠算除法的规范与指法 ·············· 114
　　　（三）典型实训范例 ·············· 117
　　　（四）技能实训 ·············· 124

第五章　会计单据填写训练

　第一节　原始凭证填写 ·············· 128
　　　（一）原始凭证的识别 ·············· 128
　　　（二）常用原始凭证的填制 ·············· 130
　　　（三）原始凭证的审核 ·············· 130
　　　（四）典型实训范例 ·············· 132
　　　（五）技能实训 ·············· 139
　第二节　记账凭证填写 ·············· 143
　　　（一）记账凭证的种类 ·············· 143
　　　（二）记账凭证的填写 ·············· 145
　　　（三）记账凭证的审核 ·············· 147
　　　（四）典型实训范例 ·············· 147
　　　（五）技能实训 ·············· 149
　第三节　会计账簿填写 ·············· 151
　　　（一）日记账的填写规范 ·············· 152
　　　（二）三栏式明细账的填写规范 ·············· 153
　　　（三）多栏式明细账的填写规范 ·············· 153
　　　（四）典型实训范例 ·············· 155
　　　（五）技能实训 ·············· 156

第一章　文字数字书写技能

 教学目标

通过本次实训,了解财会数字书写的意义,了解财会数字书写的内容和要求,能够规范地书写中文大写数字和阿拉伯数字,并会用正确的方法进行错误书写的更正,严格遵守会计准则,熟练掌握票据和结算凭证等单据的正确书写方法,具备严谨认真细致的工作作风和优良的职业规范。

第一节　会计文字书写规范

(一) 文字书写要求

1. 中文文字书写规范

大写中文文字一般用于书写财务方面的有关单据,如发票、凭证等,为了保证其书写的规范性、合法性、真实性,必须

用黑色或蓝黑色墨水的笔进行书写,以防止被舞弊以及非法篡改。一般地,中文大写数字应用正楷或者行书进行书写,要求书写时做到字迹工整,清晰明了。

> **例 1-1**
>
> 大写数字正确的书写为:
>
> 正楷:壹 贰 叁 肆 伍 陆 柒 捌 玖 拾 佰 仟 万 亿 元 角 分 整
>
> 行书:壹 贰 叁 肆 伍 陆 柒 捌 玖 拾 佰 仟 万 亿 元 角 分 整

 注意

不可用一、二、三、四、五、六、七、八、九、十、块、毛等字样代替使用,也不可以用繁体字、错别字、简化字代替使用。

2. 格式规范

一般地,重要的凭证单据均要使用大写金额,用黑色笔书写。填写支票时,必须用碳素笔进行书写,且一次书写正确才有效,有涂改、挖补等书写不规范行为的支票均作废。

书写时,字下部落笔在底线上,一般占行高的1/2处,留有更改的空间,最为合适。字距、行距都不要过大,易于辨认,不易涂改,不可挖补,切勿满格。

3. 币值规范

有固定格式的重要单据,一般印有币值单位。例如:人民币字样,数字书写在币值单位后面。不得留有空格,以防篡改。如果重要的单据未印有币值单位,在书写数字时,要加上币值单位,如人民币、美元、欧元等,数字紧随其后。

例 1-2

(1) 人民币捌拾元整（√）

(2) 人民币　捌拾元整（✕）

解析：币值与数字之间不得留有空格。

4. 数位规范

数位一般是指一个数中每一个数字所占的位置。例如，87 654.12，每一个数字占一个数位，2 占位分位、1 占位角位、4 占位个位、5 占位十位、6 占位百位、7 占位千位、8 占位万位……，一般按照从小到大、从右到左的顺序排列。

特别要注意"拾"前的"壹"字的使用。

例 1-3

￥12.12，正确的写法为人民币壹拾贰元壹角贰分。

5. "整"字的使用

关于"整"字的用法，有三种情况：

(1) 中文大小写金额数字到"元"的，一般在"元"之后要写"整"字；

例 1-4

￥1 000.00 的正确写法：人民币壹仟元整。

(2) 中文大小写金额数字到"角"的，一般在"角"之后可以不写"整"字；

例 1-5

¥52.50 的正确写法:人民币伍拾贰元伍角;人民币伍拾贰元伍角整。

(3) 中文大小写金额数字到"分"的,一般在"分"之后不写"整"字。

例 1-6

¥83.16 的正确写法:人民币捌拾叁元壹角陆分。

6. 大写日期的书写

会计人员在填写票据等单据时,有些票据明确要求日期要大写,以防止篡改伪造票据,大写日期如表 1-1、表 1-2 所示。

表 1-1　月份的书写

1月	零壹月	5月	伍月	9月	玖月
2月	零贰月	6月	陆月	10月	零壹拾月
3月	叁月	7月	柒月	11月	壹拾壹月
4月	肆月	8月	捌月	12月	壹拾贰月

 注意

请注意零壹月、零贰月、零壹拾月、壹拾壹月、壹拾贰月的写法!

 思考

为什么以上月份要做这样特殊的处理呢?

表 1-2 日期的正确写法

1日	2日	3日	4日	5日	6日	7日	8日	9日
零壹日	零贰日	零叁日	零肆日	零伍日	零陆日	零柒日	零捌日	零玖日
10日	11日	12日	13日	14日	15日	16日	17日	18日
零壹拾日	壹拾壹日	壹拾贰日	壹拾叁日	壹拾肆日	壹拾伍日	壹拾陆日	壹拾柒日	壹拾捌日
19日	20日	21日	22日	23日	24日	25日	26日	27日
壹拾玖日	零贰拾日	贰拾壹日	贰拾贰日	贰拾叁日	贰拾肆日	贰拾伍日	贰拾陆日	贰拾柒日
28日	29日	30日	31日					
贰拾捌日	贰拾玖日	零叁拾日	叁拾壹日					

例 1-7

2019年10月5日应写为：日期贰零壹玖年零壹拾月零伍日

例 1-8

2020年2月14日应写为：日期贰零贰零年零贰月壹拾肆日

（二）错误文字更正

会计人员在填写重要的凭证、票据时，其大写的日期、大写金额、支票的用途等必须保证填写正确；如果出现错误，一律不得更改，只能重新再填一张。错误的凭证、票据不得随意撕毁作废，必须妥善保管。

会计人员在登记账簿等材料时,一旦书写错误,不得采用涂、挖、补、擦、刮、撕等办法进行更改,正确的更改方法是划线更正法。

正确的更正流程是:用红字在错误的单个文字上面画一条单线,再用蓝色或者黑色的笔在其上面书写正确的文字,并在更正处加盖更正人名章,以明确责任。

(三) 典型实训范例

 实训范例

文字的书写规范

壹	贰	叁	肆	伍	陆	柒	捌	玖	拾	佰	仟	万	亿	元	角	分	整

(四) 技能实训

实训 1-1

中文大写数字书写

(1) ¥348 571.60　　　　　　　人民币(大写)

(2) ¥1 085 001.37　　　　　　　人民币(大写)

(3) ¥91 301.05　　　　　　　人民币(大写)

(4) ￥6 677.21　　　　人民币(大写)

(5) ￥597.00　　　　　人民币(大写)

(6) ￥19.30　　　　　 人民币(大写)

(7) ￥4 200.61　　　　人民币(大写)

(8) ￥15 001.00　　　 人民币(大写)

(9) ￥872 813.96　　　人民币(大写)

(10) ￥100.10　　　　 人民币(大写)

实训 1-2

中文日期书写训练

(1) 2001 年 1 月 1 日　　　日期大写：

(2) 2003 年 10 月 3 日　　　日期大写：

(3) 2005 年 7 月 31 日　　　日期大写：

(4) 2007 年 11 月 30 日　　 日期大写：

(5) 2009 年 2 月 22 日　　　日期大写：

(6) 2011 年 6 月 1 日　　　 日期大写：

(7) 2013 年 4 月 15 日　　　日期大写：

(8) 2015 年 9 月 18 日　　　日期大写：

(9) 2017 年 11 月 11 日　　 日期大写：

(10) 2020 年 2 月 14 日　　 日期大写：

实训 1-3

综合题

2020 年 1 月 15 日，上海彩虹有限公司出纳员王一收到黄河有限公司前欠货款 5 万元，请填写下列票据。

上海市往来结算统一收据			
年　　　月　　　日		发票号码 002564189	
付款单位(人)：			
交款项目：			
人民币(大写)			
收款单位公章	收款人：		交款人：

第二节　会计数字书写规范

(一) 数字书写要求

如图 1-1 所示,数字书写时应一一对应地写清楚,不能连笔,要紧贴底线书写,不可以顶格,字的高度一般占格子的 1/2 或者 2/3,数字在书写时,最好有倾斜,一般倾斜度在 60 度左右。

图 1-1　数字的书写

1. 数字的书写规范

(1) "1"在书写时,下端紧靠左下角,不可以写得太短,要保持倾斜度,否则会被篡改成 4 或者 6 等其他数字。

(2)"2"在书写时,要一笔写成,上半部分要大一点,为避免被篡改成 3,在书写时下半部分一般有一个小圈。

(3)"3"在书写时,要一笔书写完成,上半部门略小,下半部分略大,避免被篡改成 5。

(4)"4"在书写时,注意不可以封口,避免被篡改成 8。

(5)"5"在书写时,注意横角弯要明显,避免被篡改成 8。

(6)"6"在书写时,要比其他数字右上方长出 1/4,以防止被篡改成 8。

(7)"7"在书写时,7 的笔画上面要写得平一些,左下方要长出 1/4,防止被篡改成 9。

(8)"8"在书写时,下半部分要稍大,上边要稍小,成 S 形,以防止被篡改成 3。

(9)"9"在书写时,上半部分要稍低一些,向左下方过底线长出 1/4。

(10)"0"在书写时,不得有尾巴,不得开口,不能写得太小,以防止被篡改成 6 或者 9。

2. 货币符号的使用

在填制凭证单据时,小写金额一般应标明货币符号,而且小写金额与货币符号之间不能留有空格,以防止被篡改。

例 1-9

￥500.00,小写金额前人民币符号￥代表了我国法定货币人民币的币值,也代表元的单位,所以小写金额后不再加元字。

3. 三位分节计数

小写数字的书写,要对整个数字按3位分节计数,一般采用分节号",",或者空半格进行隔开,便于对数字的阅读和计算。

> **例 1-10**
>
> ￥5,000,000.00 或者 ￥5 000 000.00

4. 角、分的写法

以元为单位的阿拉伯数字,除表示单价等金额外,一律写到角、分;没有角、分的,可写成"00"或者"—";有角无分的,分位应该写"0",不得用"—"代替;若只有分的,在元和角位上分别写一个"0",并在元、角之间用"."隔开。

> **例 1-11**
>
> ￥150.32;￥150.00;￥150.30;￥0.06

(二)错误数字的更正方法

如图1-2所示,重要的凭证不得更改数字,只能重新编制;非重要的凭证,如数字书写错误,一般采用划线更正法进行更正。

最高存量 10 000 千克										原材料　明细账											本账页数　1								
最底存量 10 000 千克																					本户页数　1								
编号 001　规格																	单位　千克				名称　A 材料								
2016		凭证编号	摘要	账页	借　方									贷　方								结　存							稽核
年					数量	单价	金额							数量	单价	金额						数量	单价	金额						
月	日						百	十万	千	百	十	元	角分			百	十万	千	百	十	元角分			百	十万千	百	十	元角分	
02	01		期初余额																			500	5.00			2 5 0	0	0 0	√
02	10		领用A材料												100	5.00				5	0	0 0 0	400	5.00			<u>王顺</u> 2 0 0 ~~2 5 0~~	0 0	0 0 0 0	√

图 1-2　数字的更改举例

　　数字一旦错误,不能局部更改,必须将整个数字用红字全部划掉,在错误的数字上面用黑色或蓝色字书写正确的数字,并加盖名章,以明确责任。

(三) 典型实训范例

　　阿拉伯数字书写

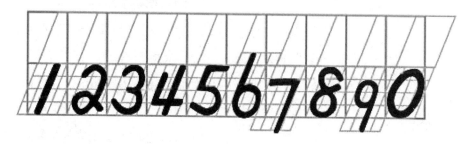

（四）技能实训

1. 小写金额书写

（1）人民币壹万捌仟陆佰叁拾肆元伍角陆分　￥

（2）人民币玖拾捌万零伍拾元整　￥

（3）人民币肆佰柒拾伍元零叁分　￥

（4）人民币贰拾元整　￥

（5）人民币肆元肆角肆分　￥

（6）人民币柒万捌仟玖佰贰拾壹元整　￥

（7）人民币陆分　￥

（8）人民币叁佰壹拾叁元贰角　￥

（9）人民币陆万元整　￥

（10）人民币伍拾玖元零壹分　￥

2. 填写现金日记账

（1）2019年1月1日，期初余额541,200元。

（2）2019年1月3日，凭证字号"记1"，业务摘要"提现"，贷方金额1 000元，余额540,200元。

（3）2019年1月4日，凭证字号"记4"，业务摘要"支付管理费用"，贷方金额5,000元，余额535,200元。

（4）2019年1月7日，凭证字号"记7"，业务摘要"销售商品款已收",借方金额11,300元,余额546,500元。

(5) 2019年1月10日,凭证字号"记10",业务摘要"发放工资",贷方金额100,000元,余额446,500元。

(6) 2019年1月15日,凭证字号"记13",业务摘要"支付税金",贷方金额35,890元,余额410,610元。

(7) 2019年1月20日,凭证字号"记15",业务摘要"收到押金",借方金额5,000元,余额415,610元。

银 行 存 款 日 记 账

年		凭证编号	摘 要	借 方									贷 方									借或贷	余 额								
年	月			百	十	万	千	百	十	元	角	分	百	十	万	千	百	十	元	角	分		百	十	万	千	百	十	元	角	分

第二章 钞票的认知与清点技能

第一节 人民币真伪识别

教学目标

通过本次实训,能正确认识假币的危害,掌握人民币的基本防伪特征和鉴别方法,能正确识别与处理假币。

(一) 了解人民币

1948年年底,随着中国人民解放战争的顺利进行,分散的各解放区迅速连成一片,为适应形势的发展,迫切需要一种统一的货币代替原来种类庞杂、折算不便的各解放区货币。为此,1948年12月1日中国人民银行成立,时任华北人民政府主席的董必武同志为该套人民币题写了中国人民银行行名。中华人民共和国的法定货币是人民币,它由中国人民银行依法发行。我国至今已经发行了五套人民币,形成纸币与硬币、流通硬币和纪念币等多品种、多系列并存的货币体系。

1999年10月1日起,中国人民银行开始陆续发行第五套人民币,有100元、50元、20元、10元、5元、1元、5角和1角,共八种面额。

第五套人民币采用"一次公告,分次发行,新旧版混合流通,逐步回收旧版"的发行原则。1999年10月1日发行了第五套人民币100元纸币;2000年10月16日发行了20元纸币、1元、1角硬币;2001年9月1日发行了10元、50元纸币;2002年1月18日发行了5元纸币、5角硬币。

(二) 残币的兑换规定

如图2-1所示,在现实生活中,人们往往会不小心弄脏或者使人民币破损,这些人民币在市场上已经不能再流通,需要去银行兑换。中国人民银行规定,任何金融单位都不得拒绝污损人民币的兑换。银行会根据污损程度来判定能否全额兑换。

图 2-1 人民币破损

拿一张百元人民币来说,如果破损面积大于20平方毫米就已经算是污损人民币了,20平方毫米就相当于一个小药丸大小(见图 2-2),只要有这么大的污损面积,银行 ATM 机都是识别不出的,最好还是要到银行去兑换。

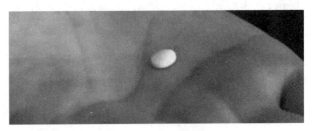

图 2-2　20 平方毫米

如图 2-3 所示,残缺面积小于四分之一的,全额兑换;残缺面积大于四分之一小于二分之一的,兑换残币面额的二分之一;残缺面积大于二分之一的,则无法兑换了。

可兑换全额　　　　　　可兑换全额

可兑换半额　　　　　　可兑换半额

图 2-3　银行的兑换标准

受到污染没有破损的纸币,只要还能识别真伪就可以进行全额兑换,不过这就需要到分行才能够兑换。

(三) 假币识别及处理

识别人民币纸币真伪,通常采用"一看、二摸、三听、四测"的方法:

1. 看

1.1 看水印

如图2-4所示,第五套人民币各券别纸币的固定水印位于各券别纸币票面正面左侧的空白处,迎光透视,可以看到立体感很强的水印。100元、50元纸币的固定水印为毛泽东头像图案。20元、10元、5元纸币的固定水印为花卉图案。

第五套人民币100元和50元人像水印

第五套人民币20元花卉水印

第五套人民币10元花卉水印

第五套人民币5元花卉水印

图 2-4　看水印

1.2 看安全线

如图2-5所示,第五套人民币纸币在各券别票面正面中间偏左均有一条安全线。100元、50元纸币的安全线迎光透视时,分别可以看到缩微文字"RMB100""RMB50"的微小文字,仪器检测均有磁性;20元纸币迎光透视时,是一条明暗相间的安全线,10元、5元纸币的安全线为全息磁性开窗式安全线,即安全线局部埋入纸张中,局部裸露在纸面上,开窗部分分别可以看到由微缩字符"￥10""￥5"组成的全息图案,仪器检测有磁性。

100元安全线　　50元安全线　　20元安全线　　10元安全线　　5元安全线

图 2-5　看安全线

1.3　看光变油墨

如图 2-6 所示,第五套人民币 100 元券和 50 元券正面左下方的面额数字采用光变墨印刷。将垂直观察的票面倾斜到一定角度时,100 元券的面额数字会由绿变为蓝色;50 元券的面额数字则会由金色变为绿色。

100元光变油墨印刷　　　　　　　50元光变油墨印刷

图 2-6　看光变油墨

1.4　看票面图案是否清晰,色彩是否鲜艳,对接图案是否可以对接上

如图 2-7 所示,第五套人民币纸币的阴阳互补对印图案应用于 100 元、50 元和 10 元券中。这三种券别的正面左下方和背面右下方都印有一个圆形局部图案。迎光透视时,两幅图案准确对接,组合成一个完整的古钱币图案。

图 2-7　看图案

1.5　用 5 倍以上放大镜观察票面，看图案线条、缩微文字是否清晰干净

如图 2-8 所示，第五套人民币纸币各券别正面胶印图案中，多处均印有微缩文字，20 元纸币背面也有该防伪措

第五套人民币100元微缩文字

第五套人民币50元微缩文字

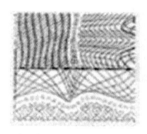

第五套人民币20元微缩文字

第五套人民币10元微缩文字

第五套人民币5元微缩文字

图 2-8　微缩字

施。100元券的微缩文字为"RMB"和"RMB100";50元券的微缩文字为"50"和"RMB50";20元的为"RMB20";10元的为"RMB10";5元的为"RMB5"和"5"字样。

2. 摸

2.1 摸人像、盲文点、中国人民银行行名等处是否有凹凸感

如图2-9、图2-10所示,第五套人民币纸币各券别正面主景均为毛泽东头像,采用手工雕刻凹版印刷工艺,形象逼真、传神,凹凸感强,易于识别。

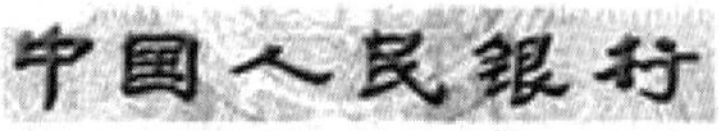

图2-9 手工雕刻头像

图2-10 摸人像

2.2 摸纸币是否薄厚适中,挺括度好

3. 听

通过抖动钞票使其发出声响,根据声音来分辨人民币真伪。人民币的纸张具有挺括、耐折、不易撕裂的特点。手持钞票用力抖动、手指轻弹或两手一张一弛地轻轻对称拉动,能听到清脆响亮的声音。

4. 测

借助一些简单的工具和专用的仪器来分辨人民币真伪。例如,借助放大镜可以观察票面线条清晰度、胶、凹印缩微文字等;用紫外灯光照射票面,可以观察钞票纸张和油墨的荧光反映;用磁性检测仪可以检测黑色横号码的磁性。

(四) 典型实训范例

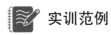 实训范例

1. 1999 版和 2005 版人民币的区别

1.1 基本

(1) 固定人像水印。位于正面左侧空白处,迎光透视,可见与主景人像相同、立体感很强的毛泽东头像水印。

(2) 红、蓝彩色纤维。在票面的空白处,可看到纸张中有红色和蓝色纤维。

(3) 全埋式磁性微缩镂空文字安全线。

(4) 手工雕刻头像,正面主景为毛泽东头像,采用手工雕刻凹版印刷工艺,形象逼真、传神、易于识别。

(5) 隐形面额数字。正面右上方有一椭圆形图案,将钞票置于与眼睛接近平行的位置,面对光源作平面旋转 45 度或 90 度,即可看到"100"字样。

(6) 胶印缩微文字。正面上方椭圆形图案中,多处印有胶印缩微文字,在放大镜下可看到"RMB"和"RMB100"字样。

(7) 光变油墨面额数字。正面左下方"100"字样,与票面垂直立角度观察为绿色,倾斜一定角度则变为蓝色。

(8) 阴阳互补对印图案。票面正面左下方和背面右下方均有圆形局部图案,迎光观察,正背图案重合并组成一个完整的古钱币图案。

(9) 雕刻凹版印刷。正面采用雕刻凹版印刷,用手指触摸有明显的凹凸感。

(10) 横竖双号码。正面采用横竖双号码印刷(均为两位冠字码为黑色,竖号码为蓝色。2005年版第五套人民币的防伪特征与1999年版有区别。)

(11) 调整了防伪特征布局。2005年版第五套人民币100元、50元纸币正面左下角胶印对印图案调整到主景图案左侧中间处,光变油墨面额数字左移至原胶印对印图案处,背面右下角胶印对印图案调整到主景图案右侧中间处。

(12) 调整防伪特征。2005年版第五套人民币各券别纸币正面右上方有一装饰性图案,将票面置于与眼睛接近平行的位置,面对光源做上下倾斜晃动,分别可以看到面额数字字样。

(13) 开窗式全息微缩文字磁性安全线。2005年版第五套人民币100元、50元纸币将原全埋式磁性镂空微缩文字安全线改为开窗式全息微缩文字磁性安全线。2005年版第五套人民币100元、50元纸币背面中间偏右有一条开窗式安全线,开窗部分分别可以看到由缩微字符"￥100""￥50"组成的全息图案。2005年版人民币20元纸币正面中间偏左有一条开窗式安全线,开窗部分可以看到缩微字符"￥20"组成的全息图案。

(14) 双色异形横号码。2005年版第五套人民币100元、50元纸币将原横竖双号码改为双色异形横号码。正面左下角印有双色异形横号码,左侧部分为暗红色,右侧部分为黑色。字符由中间向左右两边逐渐变小。

（15）雕刻凹版印刷。2005年版第五套人民币20元纸币背面主景图案桂林山水、面额数字、汉语拼音行名、民族文字、年号、行长章等均采用雕刻凹版印刷,用手触摸,有明显的凹凸感。第四套人民币100元票面中也采用了该技术,图像层次丰富,色泽鲜明,立体感强,用手摸角有凹凸感。

1.2　对比

在1999版和2005版的人民币的区别中,我们可以看出,一、二、四点是工艺增减、改进和更换材质,第三点是版面内容更改,即在纸币背面主景图案下方的面额数字后面,增加人民币单位的汉语拼音"YUAN",年号改为"2005年"。毛泽东的纽扣由"二"字针法改为"x"针法。如果说仅仅由于对1999年版第五套人民币机读和防伪技术的创新和提高,而在那么短的时间内进行人民币更迭,使人产生是否有必要的疑问,毕竟那样会造成极大的成本浪费。

2. 各版本区别

2.1　1角区别

第五套人民币1角硬币的材质由铝合金改为不锈钢,色泽为钢白色。其正背面图案、规格、外形与现行流通的第五套人民币1角硬币相同,背面为兰花图案及中国人民银行的汉语拼音字母"ZHONGGUO RENMIN YINHANG",直径为19毫米。

2.2　5元区别

2005年版第五套人民币5元纸币规格、主景图案、主色调、"中国人民银行"行名和汉语拼音行名、面额数字、花卉图案、国徽、盲文面额标记、民族文字等票面特征,固定花卉水印、白水印、全息磁性开窗安全线、手工雕刻头像、胶印微缩文字、雕刻凹版印刷、双色横号码等防伪特征,均与

1999 年版第五套人民币的 5 元纸币相同。

第五套人民币 5 元纸币的 2005 年版与 1999 年版 5 元纸币的区别表现在：

① 调整隐形面额数字的观察角度。正面右上方有一装饰性图案，将票面置于与眼睛接近平行的位置，面对光源做上下倾斜晃动，可以看到面额数字"5"字样；

② 增加凹印手感线。正面主景图案右侧有一组自上而下规则排列的线纹，采用雕刻凹版印刷工艺印制，用手指触摸时有凹凸感；

③ 取消纸币中的红蓝彩色纤维；

④ 背面主景图案下方的面额数字后面，增加了人民币单位元的汉语拼音"YUAN"，年号改为"2005 年"。

（五）技能实训

指出 2015 年版第五套人民币 100 元纸币（见图 2-11）的防伪特征。

图 2-11　100 元样币

① _____

② _____

③ _____

④ _____

⑤ _____
⑥ _____
⑦ _____
⑧ _____
⑨ _____
⑩ _____

第二节　单指单张点钞法

通过本次实训，了解手持式单指单张点钞法的适用范围和优缺点，熟练掌握手持式单指单张点钞法的方法，并能运用自如。

（一）点钞的基本流程

（1）将学生分组，4至6人为一小组，每组设立小组长一名，明确小组长及组员的职责。

（2）向学生展示比赛视频，提出学习任务，引入新课。

（3）讲授手持式单指单张点钞法的适用范围、优缺点和操作环节。

（4）学生练习。小组成员相互讨论评价并纠正错误的指法，教师检查并录像，然后视频播放学生的练习情况，指出存在的问题。

（5）展示。手持式单指单张点钞法训练由小组成员互评后，推举一名成员上台展示本组的学习成果，并讲述学习的心得体会。

（6）评价。学生自评互评，教师点评，表扬先进，指出问题，针对问题讲解解决办法，向学生们提出期望目标。学生自评互评占50%，教师评价占50%，将所得分数纳入过程性考核。

（7）总结。教师进行总结性讲评。动作要领归纳：肌肉要放松，钞券要墩齐，开扇要均匀，手指触面要小，捻钞的幅度要小，动作要连贯，点和数要协调。

（8）教师为学生制定课后训练计划，并将学习过程资料及优秀学生操作视频上传到群空间。教师定期评选优秀学生，激励学生，提高学生的学习积极性，培养学生的竞争意识。

（二）点钞的基本要求

1. 拆把

将待清点的成把点钞券拿在手中，然后将捆扎的腰条（扎把条）拆去，为清点做好准备。

2. 点数

一只手持钞，另一只手点钞，眼睛紧盯捻动的钞票，同时在心中记数，确保点钞券清点准确无误。

3. 整理

将已清点无误的点钞券清理整齐，将折叠的点钞券抚平，将点钞券上、下、左、右墩齐。

4. 扎把

将已墩齐的100张点钞券用扎把条捆扎牢固。

5. 盖章

在捆扎点钞券的扎把条侧面加盖清点人员的名章，以明确责任。

(三) 单指单张点钞法

1. 持钞

身体坐直,全身自然放松。左手横执钞票,下面朝向身体,左手拇指在钞票正面左端约四分之一处,食指与中指在钞票背面与拇指同时捏住钞票,无名指与小指自然弯曲并伸向票前左下方,与中指夹紧钞票,食指伸直,拇指向上移动,按住钞票侧面,将钞票压成瓦形,左手将钞票从桌面上擦过,拇指顺势将钞票向上翻成微开的扇形,同时,右手拇指、食指作点钞准备。如图 2-12 所示。

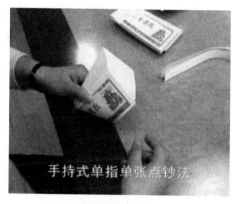

图 2-12 持抄

2. 清点

左手持钞并形成瓦形后,右手食指托住钞票背面右上角,用拇指肚逐张向下捻动钞票右上角,捻动幅度要小,不要抬得过高。要轻捻,食指在钞票背面的右端配合拇指捻动,左手拇指按捏钞票不要过紧,要配合右手起自然助推的作用。右手的无名指将捻起的钞票向怀里弹,要注意轻点快弹。右手继续重复上一组的动作,将动作连贯起来。如图 2-13 所示。

图 2-13 清点

3. 记数

记数应与清点同时进行。在点数速度快的情况下，往往由于记数迟缓而影响点钞的效率，因此，记数应该采用分组记数法。把 10 作 1 记，即 1、2、3、4、5、6、7、8、9、1(即 10)，1、2、3、4、5、6、7、8、9、2(即 20)，以此类推，数到 1、2、3、4、5、6、7、8、9、10(即 100)。采用这种记数法记数既简单又快捷，省力又好记。但记数时要默记，不要念出声，做到脑、眼、手密切配合，既准又快。计数的速度要与手指的清点频率一致。

4. 扎把

一般以 100 张为一把，拿着扎条，随机插入点钞券的中间(点钞券三分之一处)，用手稍微把点钞券捏成一个弯度，另一只手拿着扎条面向自己的方向转 1 圈或 2 圈，然后别在里面，松紧度适当。动作要快速、连贯。如图 2-14 所示。

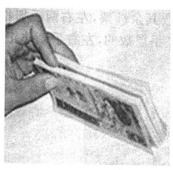

图 2-14 扎把

5. 盖章

点钞券扎把后,要在点钞券侧面的纸条上盖上点钞人员的名章,以明确责任。盖章要清晰可见,不能模糊不清。

(四)典型实训范例

实训范例

点钞用具:点钞券100张、扎把条、点钞缸、挡板、人名章、笔。

准备工作:将所有点钞券配成10把(每把分别是96张到104张不等),扎把后随机排列,并记录好每一把的张数。同桌互换位置进行清点。

实训内容:5分钟手持式单指单张整点。其中,无设错的整把(张数为100的把次)必须经过"起把—清点—拆把—扎把—盖章"的步骤;设错的整把必须经过起把—清点—在扎把条上记录错张数(用－4、－3、－2、－1、＋1、＋2、＋3、＋4等数字记录)的步骤。

注意

无设错的整把清点后需拆把并扎把;设错的整把不用

拆把和扎把。

（五）技能实训

实训 2-1

技能考核，按照实训范例进行综合练习。

手工点钞参考评价标准

评价内容	配分	考核点	备注
职业素养	10	保持考场安静，遵守纪律，不得擅自挪动点钞券，正确规范地点钞。	工作场地脏乱差；严重违反考场纪律，造成恶劣影响的，本大项记0分。
	10	按规定位置整齐摆放点钞券及凳子，保持工作台面的整洁。	
作品(技能)	80	每点对一把计20分，点错一把该把不得分。最后一把未满100张的需记录所点张数，每10张计2分，不足10张的不计分，如果点错该把，不得分。	1. 没有扎把或每把墩不齐，导致露头部分成梯形，上下错开5毫米或扎把不紧，面上一张用手轻轻一拉就能滑出的，扣2分。 2. 没有盖章，每把扣1分。 3. 未经点数扎成一把（"甩把"），扣10分。 4. 主监考发出"开始"口令前抢先点钞（"抢点"）的，或者发出"时间到"口令后仍继续点钞（"超时点"）的，各扣去10分。

第三节　多指多张点钞法

教学目标

通过本次实训，能了解手持式四指四张点钞法的适用范围和优点,熟练掌握手持式四指四张点钞法的方法,并能运用自如。

(一) 点钞的基本流程

(1) 将学生分组,4 至 6 人为一小组,每组设立小组长一名,明确小组长及组员的职责。

(2) 向学生展示比赛视频,提出学习任务,引入新课。

(3) 讲授手持式四指四张点钞法的适用范围、优点和操作环节。

(4) 学生练习,小组成员相互讨论评价并纠正错误的指法,教师检查并录像,然后视频播放学生的练习情况,指出存在的问题。

(5) 展示,手持式四指四张点钞法训练由小组成员互评后,并推举一名成员上台展示本组的学习成果,并讲述学习的心得体会。

(6) 评价,学生自评互评,教师点评,表扬先进,指出问题,针对问题讲解解决办法,向学生们提出期望目标。学生自评互评占 50%,教师评价占 50%,将所得分数纳入过程性考核。

(7) 总结,教师进行总结性讲评。

(8) 教师为学生制定课后训练计划,并将学习过程资料及优秀学生操作视频上传到群空间,教师定期评选优秀学生,激励学生,提高学生的学习积极性,培养学生的竞争意识。

(二) 手持式四指点钞法

1. 持钞

将钞票立放于桌面上,左手心向下,中指自然弯曲,指背贴在钞票中间偏左的内侧,食指、无名指与小指在钞票外侧,中指向外用力,外侧三指向内用力,将钞票弯成开口向左的 U 型,拇指按在钞票右端外角向内扣压,使右端展开成斜扇面形状。同时,左手腕向外翻转,持钞于胸前,食指成直角抵住钞票外侧,拇指按在钞票斜面的右上角处。

2. 清点

右手腕抬起,拇指贴在钞票右下角扇形下端,其余四指并拢弯曲,指尖成斜直线。点数时,小指、无名指、中指、食指指尖依次捻动钞票,一指一张,一次点四张为一组,循环操作。同时,左手拇指、食指配合右手动作,以保证清点时下钞通畅。

3. 记数

采用分组记数法,每点四张为一组,每一组记一个数,数至 25 组即为 100 张。

4. 扎把盖章

与单指单张点钞法相同。

(三) 典型实训范例

实训范例

点钞用具:点钞券 200 张、扎把条、点钞缸、挡板、人名章。

准备工作:将所有点钞券拆把并靠在挡板上整齐竖起摆放。

实训内容:5 分钟手持式多指多张散点,按照"抓把—清点—扎把—盖章"的步骤进行。

(四) 技能实训

实训 2-2

点钞考核,按照实训范例进行综合练习。

手工点钞参考评价标准

评价内容	配分	考核点	备注
职业素养	10	保持考场安静,遵守纪律,不得擅自挪动点钞券,正确规范地点钞。	工作场地脏乱差;严重违反考场纪律,造成恶劣影响的,本大项记0分。
	10	按规定位置整齐摆放点钞券及凳子,保持工作台面的整洁。	
作品(技能)	80	每点对一把,计20分,点错一把,该把不得分。最后一把未满100张的需记录所点张数,每10张计2分,不足10张的不计分,如果点错,该把不得分。	1. 没有扎把或每把墩不齐,导致露头部分成梯形,上下错开5毫米或扎把不紧,面上一张用手轻轻一拉就能滑出的,扣2分。 2. 没有盖章,每把扣1分。 3. 未经点数扎成一把("甩把"),扣10分。 4. 主监考发出"开始"口令前抢先点钞("抢点")的,或者发出"时间到"口令后仍继续点钞("超时点")的,各扣去10分。

第四节 外币识别

教学目标

通过本次实训,了解国际通用的主要外币币种,能够进行外币识别,为在外贸企业工作打下坚实的基础。

（一）美元

1. 美元纸币的票面特征

美元是国际印钞界公认的设计特征变化最少的钞票之一。虽经多次改版，但不同版别的钞票变化并不大，只是防伪功能得到不断加强。美元纸币票面尺寸不论面额和版别均为156毫米×66毫米。正面主景图案色调为黑色。背面的主景图案为建筑，主色调为绿色，但不同版别的颜色略有差异，例如，1934年版的背面为深绿色；1950年版的正背面为草绿色；1963年版及以后各版均为墨绿色。

2. 美元纸币的防伪特征

（1）专用纸张。美钞的纸张主要是由棉、麻纤维抄造而成。纸张坚韧、挺括，在紫外光下无荧光反应。

（2）固定人像水印。1996年版美元纸张加入了与票面人物头像图案相同的水印。

（3）红、蓝彩色纤维。从1885年版起，美钞纸张中加入了红、蓝彩色纤维丝。从1885年版到1928年版美钞的红、蓝彩色纤维是采用定向施放的，即红、蓝纤维丝分布在钞票的正中间，由上至下形成两条狭长条带。1929年版及以后各版中的红、蓝彩色纤维丝则随机分布在整张钞票中。

（4）文字安全线。从1990年版起，5美元至100美元各面额纸币的纸张中均加入一条全埋文字安全线。安全线上印有"USA"及阿拉伯文或英文单词面额数字字样。1996年版50美元、20美元安全线上还增加了美国国旗图案。1996年版美元的安全线还是荧光安全线，在紫外光下呈现出不同的颜色，100美元、50美元、20美元、10美元、

5美元的安全线分别为红、黄、绿、棕和蓝色。

（5）雕刻凹版印刷。美元正背面的人像、建筑、边框及面额数字等均采用雕刻凹版印刷。用手触摸有明显的凹凸感。1996年版美元的人像加大，形象也更生动。

（6）凸版印刷。美元纸币上的库印和冠字号码采用凸版印刷，在钞票背面的相应部位用手触摸时有凹凸感。

（7）细线印刷。1996年版美元正面人像的背景和背面建筑的背景采用细线设计，该设计有很强的防复印效果。

（8）凹印缩微文字。从1990年版起，在美元人像边缘中增加一条由凹印缩微文字组织的环线，缩微文字为"THEUNITEDSTATESOFAMERICA"。1996年版100美元和20美元还分别在正面左下角面额数字中增加了"USA100"和"USA20"字样缩微文字，50美元则在正面两侧花边中增加"FIFTY"字样缩微文字。

（9）冠字号码。美元纸币正面均印有两组横号码，颜色为翠绿色。1996年版以前的美元冠字号码由一位冠字、8位数字和一个后缀字母组成，1996年版美元增加了一位冠字，用以代表年号。

（10）光变面额数字。1996年版100美元、50美元、20美元、10美元正面左下角面额数字是用光变油墨印刷的，在与票面垂直角度观察时呈绿色，将钞票倾斜一定角度则变为黑色。

（11）磁性油墨。美元正面凹印油墨带有磁性，用磁性检测仪可检测出磁性。

3. 美元纸币的真伪识别

识别美元纸币真伪，通常采用"一看、二摸、三听、四测"的方法：

（1）看。

首先，看票面的颜色。如图2-15所示，真钞正面主色调为深黑色,背面为墨绿色(1963年版以后版),冠字号码和库印为翠绿色,并都带有柔润光泽;假钞颜色相对不够纯正,色泽也较暗淡。其次,看票面图案、线条的印刷效果。真钞票票面图案均是由点、线组成,线条清晰、光洁(有些线条有轻微的滋墨现象,属正常),图案有层次感,人物表情丰富,人物目光有神;假钞票线条发虚、发花,有丢点、线的情况,图案缺乏层次感,人物表情呆滞,眼睛无神。再次,看光变面额数字,1996年版10美元以上真钞均采用光变面额数字,变换观察角度时,可看到由绿变黑;假钞或者没有变色效果,或者变色效果不够明显,颜色较真钞也有差异。最后,透光看纸张、水印和安全线。美元纸张有正方形的网纹,纹路清晰,纸中有不规则分布的彩色纤维,1996年版起美元纸张加入了与票面人物头像相同的水印,水印层次丰富,有较强的立体感,1990年版起5美元以上面额纸币中加入了文字安全线,线条光洁、线上文字清晰;假钞纸张上或者没有网纹,或者网纹比较凌乱,水印图案缺乏层次和立体感,安全线上文字线条精细不匀,字体变形。

图2-15 美元

(2) 摸。

① 摸纸张。真钞纸张挺刮、光滑度适宜,有较好的韧性;假钞纸相对绵软,挺度较差,有的偏薄、有的偏厚,光滑度或者较高,或者较低。

② 摸凹印手感。真钞正背面的主景图案及边框等均采用凹凸版印刷,手摸有明显的凹凸感;假钞或者采用平板胶印,根本无凹印手感,即使采用凹版印刷,其版纹比真钞要浅,凹印手感与真钞相比仍有一定的差距。

(3) 听。

用手抖动或者手指弹动纸张,真钞会发出清脆的声响,假钞的声响则较为沉闷。

(4) 测。

① 用放大镜观察凹印缩微文字。从1990年版起,5美元以上面额的纸币加印了凹印缩微文字,在放大镜下观察,文字清晰可辨;假钞的缩微文字则较为模糊。

② 用磁性检测仪检测磁性。真钞的黑色凹印油墨含有磁性材料,用磁性检测仪可检测出磁性;假钞或者没有磁性,或者磁性强度与真钞有别。

③ 用紫外光照射票面。真钞纸张无荧光反应,假钞有明显的荧光反应;1996年版美元的安全线会有明亮的荧光反应,假钞安全线有的无荧光反应,有的即使有荧光反应,但亮度较暗,颜色也不正。

(二) 欧元

1. 欧元纸币的票面特征

欧元纸币是由奥地利中央银行的 Robert Kalina 设计的,主题是"欧洲的时代与风格",描述了欧洲悠久的文化历史中 7 个时期的建筑风格。其中,还包含一系列的防伪特征和各成员国的代表特色。

在纸币的正面图案中,窗户和拱门象征着欧洲的开放和合作。代表欧盟 12 个成员国的 12 颗五星则象征着当代欧洲的活力和融洽。纸币背面图案中,描述了 7 个不同时期的欧洲桥梁和欧洲地图,寓意欧盟各国及欧盟与全世界的紧密合作和交流。

7 种不同类别的纸币采用不同的颜色为主色调,规格也随面值的增大而增大。除此之外,欧元纸币还有以下主要特征:

(1) 用拉丁文和希腊文标明的货币名称;

(2) 用 5 种不同语言文字的缩写形式注明的"欧洲中央银行"的名称;

(3) 版权保护标识符号;

(4) 欧洲中央银行行长签名;

(5) 欧盟旗帜。

2. 欧元纸币的防伪特征

如图 2-16 所示,欧元采用多项先进的防伪技术,主要有以下 10 个方面。

(1) 水印。欧元纸币均采用双水印,即与每一票面主景图案相同的门窗图案水印及面额数字白水印。

(2) 安全线。欧元纸币采用全埋黑色安全线,安全线上有欧元名称(EURO)和面额数字。

(3) 对印图案。欧元纸币正背面左上角的不规则图形正好互补成面额数字,对接准确,无错位。

(4) 凹版印刷。欧元纸币正面的面额数字、门窗图案、欧洲中央银行缩写及 200、500 欧元的盲文标记均采用雕刻凹版印刷,摸起来有明显的凹凸感。

图 2-16 欧元

(5) 珠光油墨印刷图案。5、10、20 欧元背面中间用珠光油墨印刷了一个条带,不同角度下可出现不同的颜色,而且可看到欧元符号和面额数字。

(6) 全息标识。5、10、20 欧元正面右边贴有全息薄膜条,变换角度观察,可以看到明亮的欧元符号和面额数字;50、100、200、500 欧元正面的右下角贴有全息薄膜块,变换角度观察,可看到明亮的主景图案和面额数字。

(7) 光变面额数字。50、100、200、500 欧元背面右下角的面额数字是用光变油墨印刷的,将钞票倾斜一定的角度,颜色由紫色变为橄榄绿色。

(8) 无色荧光纤维。在紫外光下,可以看到欧元纸张中有明亮的红、篮、绿三色无色荧光纤维。

(9) 有色荧光纤维印刷图案。在紫外光下,欧盟旗帜和欧洲中央银行行长签名的蓝色油墨变为绿色;12 颗星由黄色变为橙色；背面的地图和桥梁则全变为黄色。

（10）凹印缩微文字。欧元纸币正背面均印有缩微文字，在放大镜下观察，真币上的缩微文字线条饱满且清晰。

3. 欧元纸币的真伪识别

识别欧元纸币真伪，通常采用"一看、二摸、三听、四测"的方法：

（1）看。

① 迎光透视。主要观察水印、安全线和对印图案。

② 晃动观察。主要观察全息标识，5、10、20 欧元背面的珠光油墨印刷条状标记和 50、100、200、500 欧元背面右下角的光变油墨面额数字。

（2）摸。

① 摸纸张。欧元纸币纸张薄、挺度好，摸起来不滑、密实，在水印部位可以感到有厚薄变化。

② 摸凹印图案。欧元纸币正面的面额数字、门窗图案、欧洲中央银行缩写及 200、500 欧元的盲文标记均采用雕刻凹版印刷，摸起来有明显的凹凸感。

（3）听。

用手抖动或者手指弹动纸张，真钞会发出清脆的声响，假钞的声响则较为沉闷。

（4）测。

用紫外灯和放大镜等仪器检测欧元纸币的专业防伪特征。在紫外光下，欧元纸张无荧光反应，同时可以看到纸张中有红、蓝、绿三色荧光纤维；欧盟旗帜和欧洲中央银行行长签名的蓝色油墨变为绿色；12 颗星由黄色变为橙色；背面的地图和桥梁则全变为黄色。欧元纸币的正背面均印有缩微文字，在放大镜下观察，真币上的缩微文字线条饱满且清晰。

（三）日元

1. 日元纸币的票面特征

日本钞票的正面文字全部使用汉字（由左至右顺序排列），上方均印有"日本银行券"字样。背面则有用拉丁文拼音的行名"NIPPON CINKO"（日本银行）、货币单位名称"YEN"（圆）字样。各种钞票均无发行日期，发行单位负责人是使用印章的形式，即票面印有红色"总裁之印"和"发券局长"图章各一个。为方便盲人，都设有盲文标记日本银行标志。

2. 日元纸币的防伪特征

如图 2-17 所示，日元采用多项先进的防伪技术，主要有以下 11 个方面。

图 2-17　日元

(1) 专用纸张。日元纸张呈淡黄色,含有日本特有植物三桠皮纤维,纸张有非常高的韧性和挺度。

(2) 水印。日元的水印图案与正面主景图案相同,由于采用了特殊工艺,故水印的清晰度非常高。

(3) 雕刻凹版印刷。日元的正背面主景、行名、面额数字等均采用雕刻凹版印刷,图案线条精细、层次丰富,用手触摸有明显的凹凸感。

(4) 凹印缩微文字。日元的正背面多处印有"NIPPON GINKO"字样的缩微文字。

(5) 盲文标记。日元的盲文标记由圆圈组成,用手触摸有明显的凸起,透光观察也是清晰可见。

(6) 磁性油墨。日元正背面凹印部位的油墨带有磁性,可用磁性检测仪测出磁信号。

(7) 防复印油墨。日元采用了防复印油墨印刷图案,当用彩色复印机复印时,复印出来的颜色与原券颜色明显不同。

(8) 光变面额数字。2 000 日元正面右上角的面额数字是用光变油墨印刷的,与票面呈垂直角度观察呈蓝色,倾斜一定角度观察时则变为紫色。

(9) 隐形面额数字。2 000 日元正面左下角有一装饰图案,将票面置于与视线接近平行的位置,面对光源,作 45 度或 90 度的旋转,可看到面额数字"2000"字样。

(10) 珠光油墨。2 000 日元正面左右两侧边分别采用珠光油墨各印刷了一条条带,转换钞票角度,可看到颜色变化。

(11) 隐形字母。2 000 日元背面右上角的绿色底纹处印有隐形字母,垂直角度下无法看到,将票面倾斜一定的角度可看到"NIPPON"字样,且前 3 个字母呈蓝绿色,后 3 个字母呈黄色。

3. 日元纸币的真伪识别

识别日元纸币真伪,通常采用"一看、二摸、三听、四测"的方法:

(1) 看。

① 看钞票的颜色、图案、花纹及印刷效果。日元真钞的正背面主景线条精细、层次丰富、立体感强,明亮处和阴影部分过渡自然。

② 看日元纸张颜色。日元纸张工艺独特,呈淡黄色。

③ 看水印和盲文标记。迎光透视,日元水印非常清晰,图案层次丰富,有较强的立体感。同时,可以清晰地看到盲文标记。

④ 看光变面额数字和隐形图案。变换 2 000 日元票面,观察正面右上角的面额数字是否由蓝色变为紫色,正面左下角的装饰图案中是否有隐形面额数字"2000"字样及背面右上角绿色底纹处是否有隐形字母"NIPPON"字样。

(2) 摸。

① 摸纸张。日元纸张韧、挺,摸起来不滑、密实、挺括。

② 摸凹印图案和盲文标记。有明显的凹凸感。

(3) 听。

用手抖动或者手指弹动纸张,真钞会发出清脆的声响,假钞的声响则较为沉闷。

(4) 测。

用紫外灯、放大镜和磁性检测仪等工具检测日元的专业防伪特征。在紫外光下,日元纸张无荧光反应,同时可以看到 2 000 日元正背面的印章有明亮的荧光反应。日元正背面均印有缩微文字,用放大镜观察,真币上的缩微义字线条饱满且清晰。用磁性检测仪检测日元正背面凹印图案是否有磁性反应。

第五节 机器点钞

通过本次实训,了解点钞机的构成部分,掌握点钞机的使用,在财务相关工作中,发挥点钞机的作用,减少工作人员的劳动强度。

(一) 点钞机的认知

机器点钞就是使用点钞机点钞以代替手工点钞。用机器点钞代替手工点钞,对提高工作效率、减轻出纳人员的劳动强度、改善临柜的服务态度、加速资金周转都有积极的作用。随着金融事业的不断发展,出纳的收付业务量也日益增加,机器点钞已成为银行出纳点钞的主要方法。

如图 2-18 所示,点钞机是一种自动清点钞票数目的机电一体化装置,一般带有伪钞识别功能,是集计数功能和辨伪钞票功能于一体的机器。

点钞机由捻钞、出钞、接钞、机架、电机、变压器、电子电路等组成。

捻钞部分由滑钞板、送钞舌、阻力橡皮、落钞板、调节螺丝、捻钞胶圈等组成。出钞部分主要由出钞胶轮、出钞对转轮组成。接钞部分主要由接钞爪轮、托钞板、挡钞板等组成。传动部分采用单电机或双电机驱动,由电动机通过传动带、传动轮,将动力输送给各传动轴。电子电路部分由主控部分、传感器部件、驱灯组件、电源板等组成一个单片机

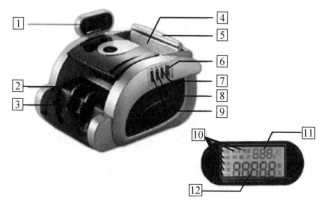

1. 显示屏 2. 叶轮 3. 接钞台 4. 喂钞台
5. 手柄 6789. 功能键

图 2-18 点钞机的结构及功能

控制的系统，通过多个接口把紫光、磁性、红外穿透、计数信号引入主控器。

（二）机器点钞的基本方法

1. 点钞前准备工作

（1）放置好点钞机。

点钞机一般放在桌上，点钞员的正前方，离胸前约30厘米左右。临柜收付款时也可将点钞机放在点钞桌肚内，桌子台面上用玻璃板，以便看清数字和机器运转情况。

（2）放置好钞券和工具。

机器点钞是连续作业，且速度相当快，因此，清点的钞券和操作的用具摆放位置必须固定，这样才能做到忙而不乱。一般未点的钞券放在机器右侧，按大小票面顺序排列，或从大到小，或从小到大，切不可大小夹杂排列；经复点的钞券放在机器左侧；腰条纸应横放在点钞机前面，即靠点钞员胸前的那一侧，其他各种用具放置要适当、顺手。

(3) 试机。

首先,检查各机件是否完好,再打开电源,检查捻钞轮、传送带、接钞台运行是否正常;灯泡、数码管显示是否正常,如果荧光数码显示的不是"00",按"0"键钮,使其复位"0"。然后,开始调试下钞斗,松紧螺母,通常以壹元券为准,调到不松、不紧、不夹、不阻塞为宜。调试时,右手持一张壹元券放入下钞斗,捻钞轮将券一捻住,马上用手抽出,以捻得动、抽得出为宜。

调整好点钞机后,还应拿一把钞券试试,看看机器转速是否均匀,下钞是否流畅、均匀,点钞是否准确,落钞是否整齐。若传送带上的钞券排列不均匀,说明下钞速度不均,要检查原因或调节下钞斗底冲口而出螺丝;若出现不整齐、票面歪斜现象,说明下钞斗与两边的捻钞轮相距不均匀,往往造成距离近的一边下钞慢,钞券一端向送钞台倾斜,传送带上的钞券呈斜面排列,反之下钞快。这样应将下钞斗两边的螺丝进行微调,直到调好为止。

2. 点钞机的操作程序

(1) 持票拆把。

用右手从机器右侧拿起钞券,右手钞券横执,拇指与中指、无名指、小指分别捏住钞券两侧,拇指在里侧、其余三指在外侧,将钞券横捏成瓦形,中指在中间自然弯曲。然后用左手将腰条纸抽出,右手将钞券迅速移到下钞斗上面,同时,用右手拇指和食指捏住钞券上侧,中指、无名指、小指松开,使钞券弹回原处并自然形成微扇面,这样即可将钞券放入下钞斗。

(2) 点数。

将钞券放入下钞斗,不要用力。钞券经下钞斗通过捻钞轮自然下滑到传送带,落到接钞台。下钞时,点钞员要注意传送带上的钞券面额,看钞券是否夹有其他票券、损伤券、假钞等,同时要观察数码显示情况。拆下的封条纸先放在桌子一边,不要丢掉,以便查错用。

(3) 记数。

当下钞斗和传送带上的钞券下张完毕时,要查看数码显示是否为"100"。如反映的数字不为"100",必须重新复点。在复点前应先将数码显示设置为"00"状态并保管好原把腰条纸。如经复点仍是原数,又无其他不正常因素时,说明该把钞券张数有误,即应将钞券连同原腰条纸一起用新的腰条纸扎好,并在新的腰条纸上写上差错张数,另作处理。一把点完,计数为百张,即可扎把。扎把时,左手拇指在钞券上面,手掌向上,将钞券从按钞台里拿出,把钞券墩齐后进行扎把。

(4) 盖章。

复点完全部钞券后,点钞员要逐把盖好名章。盖章时要做到先轻后重,整齐、清晰。

由于机器点钞速度快,要求两手动作要协调,各个环节要紧凑,下钞、拿钞、扎把等动作要连贯,当右手将一把钞券放入下钞斗后,马上拆开第二把,准备下钞,眼睛注意观察传送带上的钞券。当传送带上最后一张钞券落到接钞台后,左右迅速将钞券拿出,右手将第二把钞券放入下钞斗,然后对第一把钞券进行扎把。扎把时眼睛仍应注意观察传送带上的钞券。当左手将第一把钞券放在机器左侧的同时,右手从机器右侧拿起的第三把钞券做好下钞准备,左手顺势抹掉第一把的腰条纸后,左手迅速从接钞台上取出第二把钞券进行扎把。这样顺序操作,连续作业,才能提高工作质量和工作效率。

3. 在连续操作的过程中,须注意以下问题

(1) 原把腰条纸要顺序更换,不得将前把与后把腰条

纸混淆,以分清责任。

(2) 钞券进入接钞台后,左手取钞必须取净,然后右手再放入另一把钞券,以防止串把现象。

(3) 如发现钞券把内有其他券种或损伤券及假币时,应随时挑出并补上完整券后才能扎把。

4. 机器点钞连续操作,归纳起来要做到"五个二"

(1) 看清跑道票面,看准计数;

(2) 券别、把数分清,接钞台取清;

(3) 防留张,防机器吃钞;

(4) 发现钞券有裂缝和夹带纸片要复点,计数不准时要复点;

(5) 经常检查机器底部,经常保养、维修点钞机。

(三) 机器点钞的注意事项

机器点钞容易发生的差错和防止方法:

(1) 接钞台留张。左手到接钞台取钞时,有时会漏拿一张,造成上下把串把。防止的方法是:取尽接钞台内的钞券,或采取不同的票面交叉进行清点。

(2) 机器"吃钞"。引起机器"吃钞"的主要原因是:钞券较旧,很容易卷到输钞轴上或带进机器肚内;出钞歪斜,容易引起输钞紊乱、挤扎,也有可能被下钞轮带进机器肚内。防止的方法是:调整好面板和调节螺丝,使下钞流畅、整齐;数钞紊乱、挤扎时要重新清点一遍;要检查机器底部和前后输钞轴是否有钞券夹住。

(3) 多计数。造成多计数的原因主要有:机器在清点辅币、旧币时容易发生飞张造成多计数;钞券开档破裂,或一把钞券内残留纸条、杂物等,也会造成多计数。防止的方法是:将钞券调头后再点一遍,或将机器内的杂物、纸条取出后再点一遍。

(4)计数不准。计数不准除了电路问题和钞券本身的问题外,光电管、小灯泡积灰、或电源、电压大幅度升降都会造成多计数或少计数。防止的方法是:经常打扫光电管和小灯泡的灰尘;如果荧光数码管突然计数不准,要立即停机,检查机器的线路或测试电压等。

(四)典型实训范例

实训范例

点钞用具:点钞机、点钞券、扎把条、印泥、印章。

实训内容:

首先,规范摆放机器点钞的相关用品,开机检查,调试机器;然后,整理钞券,上机清点。在操作中若出现问题,需进行故障排除。

(五)技能实训

实训 2-3

训练用品

(1)点钞机
(2)钞券 10 把
(3)扎把条若干
(4)人名章

实训 2-4 ------→

训练方法

将相关用品规范摆放,按照机器点钞的操作步骤,整点 10 把钞券。在操作过程中出现问题需先进行分析判断,再动手排除。

第三章 录入技能

第一节 计算器的使用

教学目标

通过本次实训,能了解计算器的功能和使用规范,能够熟练地使用计算器进行计算,并能快速、准确地进行计算器数学计算。

(一) 计算器的功能和使用规范

计算器是一种录入速度快、价格低、小巧、便于携带的计算工具,在财会工作中,对各类单据、凭证进行汇总计算方便而准确,因此在日常工作中被广泛地使用。

从外形分,计算器有台式、便携式和超小型等;从用途分,计算器有一般型、函数型、程序型、钟表型和专用型等;从数字显示的方式分,计算器有荧光显示和液晶显示等。

适合财经人员使用的台式计算器一般为简单计算器

（见图 3-1）。常用的简单计算器主要分为一般型计算器和函数型计算器。在日常财经工作中，财经人员使用一般型计算器即可。

图 3-1　一般型计算器

计算器利用手指击键输入各种信息，利用按键进行各项操作，尽管不同类型的计算器按键的个数及排列位置有所不同，但简单计算器的外部结构都包括电源开关键、输入键、运算功能键、等号键、清除键、累计显示键等。

1. 电源开关键

①"ON"：电源开关，开启键。其功能是接通电源。按下此键后，显示屏显示出"0"。

②"OFF"：关闭电源，关闭键。其功能是切断电源。按下此键后，关闭电源，显示屏关闭。有的计算器是太阳能的，当计算器停止使用 8 分钟后，就自动关闭电源，因此没有此键。

2. 输入键

用于输入各种数字符号，它是计算器上主要的键。

①"0""1""2"…"8""9"：数字键用来输入计算时需要的数字。输入顺序是从高位到低位依次输入，每按一键，输入一位数字。

②"00""000"：快速增"0"键。按一下，同时出 2 个或 3 个"0"。

③ "."：小数点键，用来输入小数。

④ "＋/－"：正负数转换键，用来输入数字的符号，使输入的数字改变正负。输入负时，先输入数字的绝对值，再按符号键即可。

3. 运算功能键

运算功能键是进行加、减、乘、除四则运算的按键，加、减、乘、除、开平方键在计算时都可以代替等号键。

① "＋"：加法键，进行基本加法和连加的运算。

② "－"：减法键，进行基本减法和连减的运算。

③ "×"：乘法键，进行基本乘法和连乘的运算。

④ "÷"：除法键，进行基本除法和连除的运算。

⑤ "$\sqrt{\ }$"：开平方键，用来进行开平方运算。先输入数字，再按下此键，不必按等号键即可得出结果。

4. 等号键

"＝"：等号键。在两项数字进行相加、相减、相乘、相除或其他运算后按此键，可得出计算结果。

5. 清除键

① "C"：清除键。如果是太阳能计算器，在计算器关闭状态下，按此键则开启电源，显示屏显示出"0"。

② "AC"：全部清除键（也叫总清除键），其功能是将显示屏所显示的数字全部清除。

③ "→"：右移键，其功能是荧屏值向右位移，直至最右边尾数。

④ "CE"：部分清除键（也叫更正键），其功能是清除当前输入的数字，而不清除以前输入的数，如刚输入的数字有误，立即按此键可清除，待输入正确的数字后，原运算继续

进行。值得注意的是,在输入数字之后,按"＋""－""×""÷"键的,再按"CE"键时,数字不能清除。

⑤"MC":累计清除键(也叫记忆式清除键),其功能是清除累计数时,只清除存储器中的数字,而不清除显示器上的数字。

6. 累计显示键

①"M＋":记忆加法键(也叫累加键),其功能是将输入的数或中间计算结果进行累加,可加上屏幕上的数值并独立记忆。

②"M－":记忆减法键(也叫累减键),其功能是将输入的数或中间计算结果进行累减,可减去屏幕上的数值并独立记忆。

7. 存储读出键

①"MR":存储读出键,按下此键后,可使存储在"M＋"或"M－"中的数字显示出来,或同时参加运算,数字仍保存在存储器中,在未按"MC"键以前有效。

②"MRC":存储读出和清除键,按一次显示存储数,按第2次清除存储数。

③"GT":总和计算键。按下"＝"或"％"键,结果会累计在总和中,按一次可显示总和。

8. 损益运算键

"MU":损益运算键。

9. 显示屏

显示屏在计算器的上方,一般为液晶显示,用于显示输入的数据、计算公式、标点符号和运算结果。它说明计算器当前的工作状态和性质。由于各种功能融为一体,在显示屏上除了显示各种数据和运算结果外,还显示有关符号所表示的状态记号。

①",":分节号,表示3位数分离符,只对整数部分有效。

②"GT":总和记忆指示符。

③"M":独立记忆指示符,表示计算器内储存了一些数字。

④"E":错误指示符。

⑤"－":负值指示符。

⑥ ERROR 记号:当答案容量超过屏幕位数时,屏幕会出现 ERROR 记号。按"AC"键时,可清除所有数值;按"C"键时,清除"ERROR"记号,但屏幕上的数值仍可继续使用,且"MR"和"GT"值仍存在。

10. 开关说明

①"↑":无条件进位键。

②"5/4":四舍五入键。

③"↓":无条件舍去键。

④ 小数位数选择:单组开关除置于"F"位置外均设定为2位小数。

"F":代表浮动小数。

"4、3、2、0":代表小数点以后取4位数、3位数、2位数、0位数。

"A(ADD2)":当开关设定于"A"时,表示小数已自动设定为2位数。如输入"9"显示结果为"0.09",可作加法、减法之连算,但对乘法、除法无效,若输入小数点键,则以该小数点指示位置为准。

⑤"GT":总和记忆开关。将总和记忆开关设定在"GT"位置上,即可开启总和记忆。

11. 电源自动关闭

太阳能计算器约 8 分钟内不再使用时，电源将自动关闭。

（二）计算器的维护

1. 计算器的日常维护

在使用计算器之前应仔细阅读说明书，了解计算器的使用用环境和条件，如温度、湿度等具体要求，正确的维护可以延长计算器的使用寿命。计算器一般要求防摔、防压、防震、防潮、防尘、防高温、防金属粉末的侵入，以免发生电路短路。

2. 计算器的能源维护

使用时要了解计算器电池的规格及性能，检查电池的电量。如果显示屏显示的数字明显暗淡，则电量不足，会造成计算错误。停止使用时，注意及时按关闭键，节省用电。如果长期不使用，应取出电池；否则，电池腐蚀，会造成计算器的损坏。

（三）典型实训范例

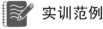 实训范例

1. 范例资料

某企业第一基本生产车间同时生产甲、乙两种产品。本月共发生制造费用 24,000 元，甲产品的生产工时为 3,600 小时，乙产品的生产工时为 1,200 小时。请按工时比例分配制造费用。

2. 操作步骤

步骤1 ------>

摆平计算器

将计算器平放于桌面,运算资料放于计算器左侧,进行运算。

步骤2 ------>

端坐运算

将身体坐正,右手执笔进行输入运算。

(1) 计算制造费用分配率:

$\boxed{AC}$ 3,600 $\boxed{+}$ 1,200 $\boxed{M+}$

显示结果为4,800;

24,000 $\boxed{\div MR=}$

显示结果为5。

得出制造费用分配率为5(元/小时)

(2) 计算各产品负担的制造费用:

3,600 $\boxed{\times}$ 5 $\boxed{=}$

显示结果为18,000;

得出甲产品负担的制造费用为18,000(元)。

1,200 $\boxed{\times}$ 5 $\boxed{=}$

显示结果为6,000;

得出乙产品负担的制造费用为6,000(元)。

步骤3 ------>

写答案

将运算结果记载在运算纸上。

（四）技能实训

实训 3-1

分指练习

147＋147＋…＋147 连加 10 次再减 10 次，最后归 0。

258＋258＋…＋258 连加 10 次再减 10 次，最后归 0。

369＋369＋…＋369 连加 10 次再减 10 次，最后归 0。

实训 3-2

混合练习

159＋159＋…＋159 连加 10 次再减 10 次，最后归 0。

357＋357＋…＋357 连加 10 次再减 10 次，最后归 0。

13,579＋13,579＋…＋13,579 连加 10 次再减 10 次，最后归 0。

24,680＋24,680＋…＋24,680 连加 10 次再减 10 次，最后归 0。

实训 3-3

连加 9 次练习

123,456,789＋123,456,789＋…＋123,456,789＝1,111,111,101

1,234,567,890＋1,234,567,890＋…＋1,234,567,890＝11,111,111,010

9,876,543,210＋9,876,543,210＋…＋9,876,543,210＝88,888,888,890

实训 3-4 ----→

打百字练习

$1+2+3+\cdots+99+100=5,050$

$5,050-1-2-3-\cdots-100=0$

加百字达标速度标准：80～100秒，为及格；60～79秒，为良好；60秒以下，为优秀。

减百字达标速度标准：120～140秒，为及格；90～119秒，为良好；90秒以下，为优秀。

打百字练习如表3-1所示。

表3-1 打百字练习表

加到的数	10	20	30	40	50	60	70	80	90	100
和	55	210	465	820	1,275	1,830	2,485	3,240	4,095	5,050
减到的数	10	20	30	40	50	60	70	80	90	100
差	4,995	4,840	4,585	4,230	3,775	3,220	2,565	1,810	955	0

第二节 小键盘数字录入技能

教学目标

通过本次实训，了解小键盘的结构与功能，掌握小键盘的标准指法，完成小键盘技能训练。

（一）小键盘的基本指法

在日常工作中，人们通常利用计算机更有效地完成经济业务,这就要求工作人员必须先将准确的数据输入到计算机中。小键盘数字录入就是通过计算机的小键盘数字键进行数字的录入,数字录入中正确的指法直接影响数字输入的速度和准确率,因此,必须按照正确的指法进行操作训练,达到快速、高效的目的。

如图 3-2 所示,小键盘区也称为辅助键盘区,位于键盘的最右侧,主要用于大量数字的输入。该区的大部分按键具有双重功能:一是代表数字和小数点;二是代表某种编辑功能。利用该区左角的"NumLock"数字锁定键,可在两种功能之间进行转换。

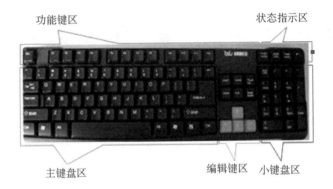

图 3-2　键盘结构

1. 准备姿势

小键盘录入时,须将身体坐正,双腿自然放平,左手翻阅传票或资料,右手进行小键盘数字录入。

数字录入前,保证"NumLock"指示灯为亮起状态。

准备录入时,右手自然地放在小键盘上,肩放平,手腕不能靠在键盘边或桌边,手腕与手掌呈一条线,手腕不要翘起,手掌呈半握拳状态。

右手手指在小键盘上的基本位置为,食指对应"4",中指对应"5",无名指对应"6",大拇指对应"0",小指对应

"Enter"。

2. 正确指法

如图 3-3 所示,右手在敲击小键盘时,起始位置在"4""5""6"上,击其他数字时上、下移动,每个区域都由一个手指负责,要明确分工,互不侵犯,整个手纵向移动,不要左、右偏移,这样可以避免各手指左右打错。

敲击键盘时需注意手腕凌空,不可搁置在桌边,否则,会影响准确性和速度。

手指击键时,要保持弯曲拱起,用指尖而非指肚,是击键而非按键,力度要适中,手指的弹跳不要太高。

小键盘录入的正确指法为:

食指负责录入"1""4""7"键和"NumLock"键;

中指负责录入"2""5""8"键和"/"键;

无名指负责录入"3""6""9""＊"键和"."(小数点)键;

小指负责录入"－""＋""Enter"键;

大拇指负责录入"0"键。

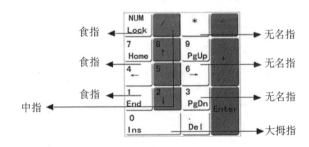

图 3-3　小键盘指法

(二)典型实训范例

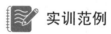 实训范例

1. 范例资料

某公司 2020 年 11 月 30 日总分类账户的余额如表 3-2 所示,请在 EXCEL 中编辑表格,并录入数据。最后利用 EXCEL 公式计算各合计数,验证录入的正确情况。

表 3-2 总分类账户余额表

单位:元

账户名称	借方余额		账户名称	贷方余额	
	年初数	期末数		年初数	期末数
库存现金	9,856	8,945	短期借款	6,000,000	3,350,000
银行存款	6,966,944	20,493,410	累计折旧	11,999,700	14,280,000
应收票据	400,000	150,000	累计摊销	1,225,000	1,500,000
应收账款	568,000	400,000	应付票据	315,000	148,000
预付账款	0	68,000	应付账款	25,000	180,000
其他应收款	500	1,000	其他应付款	0	6,800
原材料	650,800	471,000	应付职工薪酬	215,500	215,625
低值易耗品	41,000	30,000	应交税费	12,900	128,680
库存商品	3,264,500	1,690,000			
长期股权投资	504,000	504,000	实收资本	30,000,000	30,000,000
固定资产	34,550,000	34,550,000	资本公积	800,000	800,000
无形资产	3,000,000	3,000,000	盈余公积	1,450,000	1,450,000
生产成本	689,500	522,490	利润分配	11,000,000	26,004,600
在建工程	12,398,000	16,173,960			
合计			合计		

2. 操作步骤

> **步骤 1 --------→**
>
> ### 调整坐姿
>
> 在进行数据录入前,先要调整好坐姿。身体坐正,不要往左或往右倾斜,腿放平,不要翘二郎腿。打数字时,右手放在小键盘上,肩放平,不要右肩偏高。手腕不要靠在桌上,手腕与手掌呈一条线,手腕不要翘起。手掌与小键盘纵向保持一致,不要有倾斜角度。

> **步骤 2 --------→**
>
> ### 制作表格
>
> 打开 EXCEL 软件,将表格框架做好,输入相应的中文。

> **步骤 3 --------→**
>
> ### 录入数据
>
> 以列为单位录入数据,即先录入借方余额的年初数。光标指向库存现金的年初数,各手指分工录入"9,856",然后小指按下"Enter"键,光标跳到下一行。接着录入银行存款的年初数"6,966,944",然后小指按下"Enter"键,光标跳到下一行。以此类推,直到本列录入完毕。接着,再进行借方余额期末数的数据录入。以此类推,直到全表格的数据录入完毕。
>
> 在敲击键盘时,眼睛应始终看资料上的数字,而非右手的小键盘,养成盲打的习惯。

步骤 4

计算合计

利用 EXCEL 的合计公式,计算合计一列的数据,若借方数据等于贷方数据,则数据录入正确。

(三) 技能实训

实训 3-5

基本键位

要求:循环进行数字录入 5 分钟,每串数字结束后按回车键,正确率为 100%

6,666	4,554	5,465	4,445	6,664	5,664
4,544	4,555	5,446	5,456	6,656	4,546
6,555	5,444	6,564	6,455	5,646	4,546
4,654	6,446	5,645	6,566	6,665	4,454
6,446	4,545	4,464	4,454	4,565	5,445
6,555	5,565	5,564	4,554	6,566	6,464
6,456	4,665	5,446	5,646	5,545	5,455
6,564	5,455	5,646	4,544	4,654	6,554
4,645	5,546				

实训 3-6

食指、大拇指键位

要求:循环进行数字录入 5 分钟,每串数字结束后按回车键,正确率为 100%

4,047	0,710	0,111	0,771	7,707	1,774

4,407	0,171	7,417	1,441	0,714	1,477
0,401	0,040	0,077	4,114	7,710	7,441
7,777	0,714	4,104	4,047	4,147	7,404
4,114	0,114	1,107	0,144	1,700	7,407
4,044	0,714	0,010	0,074	1,447	1,041
4,410	7,114	1,711	7,404	7,147	0,010
7,444	1,071	0,007	4,141	0,471	4,170
0,740	1,114				

实训 3-7

中指、大拇指键位

要求：循环进行数字录入 5 分钟，每串数字结束后按回车键，正确率为 100%

0,255	2,282	5,028	0,820	0,852	8,505
8,500	5,505	8,222	0,525	5,582	0,805
0,852	0,580	2,852	5,585	5,825	2,580
0,020	8,522	5,558	0,285	2,050	8,522
2,020	8,858	8,828	2,500	0,822	0,258
5,525	2,805	8,550	0,080	2,885	8,202
8,802	5,058	5,888	5,828	0,252	2,550
5,285	8,255	0,828	5,852	8,205	0,088
5,250	5,085				

实训 3-8

无名指、大拇指键位

要求：循环进行数字录入 5 分钟，每串数字结束后按

回车键,正确率为100%

3,309	9.36	6,639	90.0	6,993	9,966
9.00	6,606	.600	3,636	3,633	0.69
603.	3,309	9.09	.069	03.0	3,366
6.33	60.3	.603	3,696	33.6	3,300
00.3	9,396	3,900	036.	63.9	3,996
3,690	99.9	9,396	0.66	0.96	3,390
93.0	6,369	360.	60.3	3,006	9.06
9.60	6,033	93.0	3,069	3,096	0.03
3,693	936.				

实训 3-9

食指、中指、大拇指键位

要求:循环进行数字录入5分钟,每串数字结束后按回车键,正确率为100%

2,005	5,717	7,802	5,272	8,122	8,142
1,208	7,028	4,428	2,107	0,782	7,157
7,757	7,288	2,071	5,772	8,725	5,187
7,788	8,278	7,782	0,725	5,782	2,072
8,784	7,085	8,255	5,811	7,015	0,757
1,205	5,571	5,185	1,277	2,780	2,505
2,084	1,017	7,810	7,550	2,557	8,580
2,808	0,551	2,571	7,205	7,722	8,755
1,128	2,825				

实训 3-10

食指、无名指、大拇指键位

要求:循环进行数字录入 5 分钟,每串数字结束后按回车键,正确率为 100%

04.7	0,171	70.7	434.	3,939	6,604
6,631	4,079	4,776	4,909	10.9	669.
0,917	97.9	6,633	6,030	346.	3.36
0.04	1,740	149.	0,047	0,109	39.7
9,140	7,796	176.	607.	4,190	7,931
674.	669.	4,176	0,046	33.1	1,160
779.	3,439	3.01	0,107	0.30	0,460
9.73	4,691	07.1	0,617	93.0	1,699
9.19	09.0				

实训 3-11

中指、无名指、大拇指键位

要求:循环进行数字录入 5 分钟,每串数字结束后按回车键,正确率为 100%

8,038	3,905	0,683	950.	99.9	3.83
83.6	3,238	9,938	2,660	6,866	8,095
096.	9,563	329.	3,969	9,385	0,529
3,650	93.2	59.8	306.	009.	2,965
65.9	5,692	3,985	8,295	3,260	29.3
9,395	959.	6,960	2,268	35.3	6,836
3,992	0,320	9,085	20.2	0,630	02.9
6,629	6,395	9,053	82.8	6,892	6,323
9,596	2,029				

实训 3-12

综合键位

要求:循环进行数字录入 5 分钟,每串数字结束后按回车键,正确率为 100%

2,990.75	7,558.49	9,354.78	3,843.70
5,418.49	6,672.78	2,594.98	3,481.05
3,874.34	1,564.50	3,237.79	1,881.22
2,974.11	1,698.58	8,597.58	1,641.71
4,263.49	7,588.26	2,205.47	2,354.94
1,704.43	3,879.27	2,250.57	6,684.18
1,026.84	9,027.65	6,289.41	3,287.49
7,578.66	9,867.32	9,097.91	8,663.50
5,581.56	8,704.13	5,549.93	

第三节　翻打传票

 教学目标

通过本次实训,掌握小键盘的标准指法,掌握翻打传票技能,能够在实际操作中提高数字的录入速度和准确度,提高财务效率。

(一)认识传票

1. 认识传票

传票是指记有文字和数字的单据、凭证,如发票、支票、

收据、记账凭证等,因在有关人员之间传递周转,故称为传票。

传票翻打是用计算器、计算机小键盘、算盘对各种单据、发票和记账凭证上的数字金额进行加减总运算的一种方法,也称为凭证汇总算。

在日常经济业务中,企业部门的会计核算、统计报表、财务分析、计划检查等业务活动,其报表资料的数字来源都是通过会计凭证的计算汇总而获得的,这些会计凭证的汇总即传票翻打,其运算速度及结果准确与否,直接影响各个项目业务活动数据的可靠性和及时性,可见传票翻打是会计工作者日常工作中一项很重要的基本功。

2. 传票的种类

传票的种类多种多样。根据传票装订与否,分为装订本和活页本:装订本包括发票存根、收据存根和各种装订成册的单据等,活页本包括会计的记账凭证、银行支票、工资卡片等。按照计算内容的不同,传票分为单式传票和复式传票:单式传票包括银行支票、领料单等,复式传票包括记账凭证、生产记录表等。

技能训练所使用的传票就是模拟实际工作中的传票设计的,如图3-4和图3-5所示。单式传票一般是活页本,两行数字倒印制成甲、乙2种版,可供2次计算训练。复式传票是装订本,每页上印有5行。

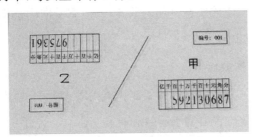

图3-4 单式传票本

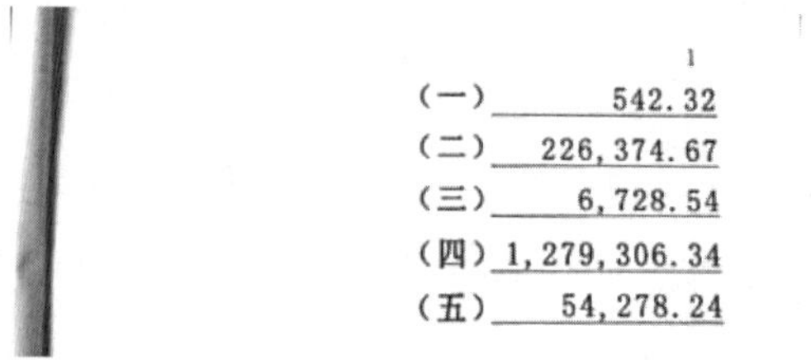

```
（一）        542.32
（二）    226,374.67
（三）      6,728.54
（四）  1,279,306.34
（五）     54,278.24
```

图 3-5　复式传票本

（二）传票翻打的基本规范

1. 整理传票

（1）检查传票。

在进行传票翻打前,先要对传票进行检查,主要是看有无少页、重页、破页和数字印刷不清等错漏的地方。

（2）打扇面。

为了方便传票的翻页,加快翻页动作,避免翻重页或漏页的现象,运算前将传票捻成扇形,使一叠传票自然地呈扇形分开。

打扇面的方法是:将传票墩齐,用左手握住传票的左上角,拇指放在传票封面的左上角,其余四指放在传票背面的左上角;右手握住传票的右边,拇指放在传票封面,其余四指放在传票背面;这样以左手为轴心,用右手捏住传票,并将传票右上角以右手大拇指为轴向怀内翻卷,翻卷后左手随即捏紧,使传票各页均匀散开,一般右手向内翻动 2 次就可以打成扇形。

（3）摆放传票。

打好扇面之后,将传票放在离桌沿 10～15 厘米偏左的地方,摆放位置要易于看数和有利于翻页。左手的小指、无名指和中指自然弯曲并压在传票的左端,固定住传票,其余

2指自然伸开,准备传票的翻打。

2. 坐姿

翻打传票时,须将身体坐正,双腿自然放平,腰要直,头稍低,左手将传票放在桌面,翻阅传票,右手放在小键盘上,进行数字录入。

3. 翻页

翻打传票时,用左手翻传票,右手用小键盘或计算器输入传票中的数据,两手同时进行。

(1) 找页。

在翻打传票时,先要找到起始页数。找页的动作快慢、准确与否,直接影响传票翻打的准确与速度。因此,找页是很重要的基本功。

找页用左手来完成,在左手固定传票的准备动作中,用大拇指找页,凭手感翻到临近的页码上,再进行前后调整,迅速翻至所需页数。找页的过程一般要求1~3个动作能找到所需页码。

练习方法如下:

首先,练习手感。就是用手摸传票前20页、前40页、前60页、前80页或前10页、前30页、前50页、前70页的厚度,经过一段时间的练习,能够达到摸准每20页和前10页、前20页、前30页、前40页、前50页、前60页、前70页、前80页厚度的水平。

其次,边捻边找页。在上述基础上,练习迅速、准确地找出各计算题起始页的本领。方法是自我测试与相互考查相结合,自己心中默记一个页码或同学之间任意捻出一个页码凭手感觉传票厚度,至多翻动3次找到起始页。例如,找第32页,在凭手感30页厚度的基础上,再略多翻几页;

如果不准,迅速调整一下,就应该翻到第 32 页。

(2) 翻页。

翻传票时要做到快而不带页,才不会影响传票运算的速度和准确度。翻页有两种方法:如果传票纸张比较薄,适用食指翻页法;如果传票纸张比较厚,适用拇指翻页法。

① 食指翻页法。翻页时,左手无名指和小指按在传票本的左边,压住传票本,避免传票本移动,用拇指的指肚处轻轻靠住传票本的左下边缘,起一刀。首先,食指与拇指捻起一张,食指同时抽出绕过来,使翻过之页夹于中指与食指之间;然后,食指开始捻第二张,继续翻页。当翻过 20 页左右时,在新的一页上,左手重新定位,继续翻页。如果食指捻不起来,可在食指指腹上涂抹一些甘油。

② 拇指翻页法。采用拇指翻页法,建议在传票本左上角用夹子将其夹住,使扇形固定,防止错乱,便于翻页。翻页时,左手无名指和小指按在传票本的左边,压住传票本,避免传票本移动。首先,用拇指的指肚处轻轻靠住传票本的中间下边缘,起一页,食指同时抽出绕过来,使翻过之页夹于中指与食指之间;然后,拇指开始翻第二张,继续翻页。

无论采用哪种方法,翻页都不宜翻得过高或过低,角度应适宜,以便能看清数据位准。

翻页是传票翻打的基础,只有左手能准确、连贯、快速地翻开传票,才能与右手配合进行传票翻打录入。

4. 翻打传票

计算器翻打传票时,传票放左边,计算器放右边。左手翻传票,右手握笔,并利用计算器将每一页传票页上的金额相加,进行计算,得出合计后用笔记录下来。

电脑小键盘翻打传票时,传票放桌面上,右手放在小键盘上,左手翻传票,右手敲击键盘,将传票中的数字录入到电脑中。

小键盘传票翻打按照是否需要数据累加分为传票录和传票算。传票录是将传票本中的数据通过小键盘录入到计算机中,每组数据结束按下回车键继续录入下一组数据;传票算是将传票本中的数据汇总加起来,每组数据结束按下加号键继续录入下一组数据,将各数据累加起来。计算器传票翻打和珠算传票翻打都属于传票算。

按照是否顺序翻页分为顺序翻打和组合翻打。顺序翻打就是选定一行,从第一页开始逐页依次将数据录入计算机中;组合翻打是任意指定起止页数,以求每连续20页的某个同一行合计数为一题,即每页只计算一行数字,把这20页的同一行数字连续录入,一题结束后再进行下一题。

(1) 顺序翻打。

在翻打传票时,先要找到起始页数。从起始页的规定行开始,左手翻一页,右手利用小键盘录入该页的规定行数据,右手打完一串数字按下加号或回车,左手再翻一页,右手录入下一页数字,以此类推。在敲击键盘时,眼睛应始终看左手传票上的数字,而非右手的小键盘,养成盲打的习惯。

在整个传票翻打的过程中,翻页、看数、按键、写数要协调进行,做到手、眼、脑共同进行。在右手打到本页的最后几位数时,左手就可以翻开下一页,这样动作连贯,边翻边打,快速录入。

计算器或珠算顺序翻打可以是限时不限量技能训练,如表3-3所示;也可以是限量不限时训练,如表3-4所示。

表3-3 限时不限量技能训练

行次	起始页数	终止页数	答案
(一)	第1页		

表 3-4　限量不限时训练

行次	起止页数	答案	用时
（一）	1~100		

小键盘顺序翻打训练的界面如图 3-6 所示，训练在规定时间内传票录入的速度和准确率，要求选定某一行，从传票本的第 1 页开始依次、连续、逐张录入数据，测试在完全正确的前提下完成的页数。

训练方法可以是限时不限量训练，也可以是限量不限时训练。限时不限量一般可以练习 2 分钟顺序翻打；限量不限时则是将传票本全部页数翻打完毕，计算所用时间。

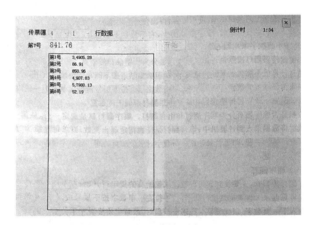

图 3-6　顺序翻打传票的界面

（2）组合翻打。

组合翻打不是按照传票的自然页数逐题进行运算的，而是交叉组合进行，随机出题，每题由连续 20 页同一行的 20 个数字连续相加，完全正确为正确 1 题，如表 3-5 所示，第 6 题是 29~48（四），即从第 29 页起计算到第 48 页的第 4 行合计；第 7 题是 34~53（五），即求第 34 页到第 53 页第 5 行的合计，这就需要找到第 34 页。

表 3-5　组合翻打表

题序	起止页数	行次	答案
1	2～21	五	
2	30～49	三	
3	41～60	四	
4	62～81	二	
5	80～99	一	
6	29～48	四	
7	34～53	五	
8	75～94	一	
9	58～77	三	
10	67～86	二	

由于组合翻打是 20 页为一题,有的学生担心页码打多了,在打到最后几页时总是看页码,这必然影响计算速度。这时,可以采用记页,即心中默记本题翻的页数,每翻动一次按顺序默记一次,从 1 开始默记到 19 次,到第 20 页数据输入完毕,本题就结束。

小键盘组合翻打训练的界面如图 3-7 所示。由系统出题,显示在输入框右上角上,"第 1 题 43/三",即第一题起始页为第 43 页,本题的 20 页都输入第 3 行数字;输入框左边的"1(43)",表示目前输入数字为本题的第 1 页,即传票本的第 43 页;输入框左上角的"正确题数",为输入一组 20 页

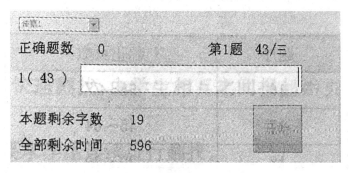

图 3-7　组合翻打传票的界面

全对为正确1题；输入框左下角的"本题剩余字数"，即本题还剩余几串数据需要录入；"全部剩余时间"为本次训练还剩下多少秒数，小键盘组合翻打训练可以是10分钟、15分钟等，由具体训练情况而定，技能比赛中一般为10分钟。

小键盘组合翻打分为传票录和传票算。传票录是指每一串数据输入完毕直接按下回车键，继续输入下一串数据；传票算是指每一题中，每一串数据输入完毕，按下加号键，再输入下一串数据，当本题20串数据都输入完毕后，按下回车键，跳转下一题。

（三）典型实训范例

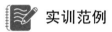 实训范例

1. 范例资料

采用中国珠算协会统一印制的传票作为实训资料，本传票共100页，每一页由5行数字组成。使用计算器（或算盘、计算机小键盘），要求在20分钟内完成传票算的练习，连续20页相同行的数相加为一题，如表3-6所示。

表3-6 传票算练习

题序	起止页数	行次	答案
1	3～22	五	
2	39～58	一	
3	74～93	三	
4	20～39	四	
5	41～60	二	
6	28～47	一	
7	21～40	三	

(续表)

题序	起止页数	行次	答案
8	56～75	二	
9	16～35	二	
10	68～87	三	
11	56～75	五	
12	7～26	三	
13	69～88	四	
14	50～69	一	
15	71～90	二	
16	58～77	四	
17	45～64	三	
18	20～39	五	
19	59～78	一	
20	24～43	五	

2. 操作步骤

步骤1

整理传票

在翻打传票之前,先将传票搞松,把传票捻成扇形,将传票本放在离桌沿约10～15厘米偏左的地方,准备传票的翻打。

步骤2

找页

在翻打传票时,先要看出题页数,找到起始页数。找页用左手来完成,凭手感,借助眼睛的余光,迅速摸到出题页数。一般要求1～3个动作能找到所需页码。

步骤 3

翻打传票

从起始页的规定行开始,翻一页,打一页,将20页的数字加起来,得到的和为答案,为了防止计算时多翻页或少翻页,可从开始页起一边翻页,一边心里默念1、2、3到19。

右手在敲击计算器或小键盘时,注意指法,在敲击时,眼睛应始终看左手传票上的数字,而非右手的计算器或小键盘,养成盲打的习惯。

第一题为"3~22(五)",即需将传票本第3页至第22页的第五行数字录入。将这一组中的第1页中的数据从左到右依次输入计算器(或输入计算机小键盘,或拨入算盘)中,在快输入(拨入)最后两位数时,左手翻起一页,食指和中指迅速夹住该页,按顺序默记1次,然后将第2页中的数据从左到右依次输入(拨入),同样地,在快输入(拨入)最后数时,左手再翻起一页,食指和中指迅速夹住该页,按顺序默记2次……直至默记19次,最后1页不用翻不用记,运算到第20页,右手抄写答数,左手找下一题的起始页,再进行下一题的运算。

步骤 4

写答案

一题翻打结束之后,将计算器(或计算机小键盘,或算盘)上得到的和写在答案栏,继续进行下一题的翻打。

(四) 技能实训

1. 翻页训练

(1) 采取先看着传票翻页,从第1页连续向后翻动传票,直到最后一页为止;熟练后再练习不看传票翻页,从第1页连续向后翻动传票,直到最后一页为止。

(2) 用左手连续进行翻页训练,由少至多(20页、40页、…、100页),循序渐进。

(3) 做翻看练习,翻一页看一笔数字,再翻到下页看同一行数字,在规定的时间内看谁翻看更快。

2. 找页训练

(1) 单页翻找训练——由教师报起始页数,学生快速翻找;由学生相互之间报起始页数,进行翻找训练。

(2) 多页翻找训练——教师给出一组起始页数,要求学生连续进行翻找。

① 有序找页练习——4、15、21、37、42、56、61、78、80、96、…

② 无序找页练习——17、5、26、13、65、32、49、10、73、58、…

3. 翻打传票限时不限量训练

规定传票的起始页数,以及每一页的行数,在限定的时间内进行翻打传票练习(如表3-7所示)。考核学生在有限的时间内翻打的终止页数,以及得出的答案。

表 3-7　翻打传票限时不限量训练

限时：_____分钟

起始页数	行数	终止页数	答案
第1页	（一）		

4. 翻打传票限量不限时训练

规定传票的起止页数，以及每一页的行数，考核学生最后的用时，以及得出的答案（如表3-8所示）。

表 3-8　翻打传票限量不限时训练

起止页数	行数	答案	用时
1~100	（三）		

5. 翻打传票训练

（1）10组20页翻打（如表3-9所示）。

表 3-9　翻打传票训练(1)

题序	起止页数	行次	答案
1	2~21	二	
2	17~36	五	
3	24~43	四	
4	64~83	二	
5	31~50	一	
6	16~35	三	
7	50~69	五	
8	56~75	四	
9	23~42	三	
10	79~98	二	

(2) 20 组 20 页翻打（如表 3-10 所示）。

表 3-10 翻打传票训练(2)

题序	起止页数	行次	答案
1	38~57	四	
2	52~71	三	
3	7~26	二	
4	75~94	五	
5	41~60	一	
6	26~45	五	
7	25~44	二	
8	63~82	四	
9	30~49	一	
10	19~38	三	
11	59~78	五	
12	15~34	四	
13	22~41	三	
14	78~97	一	
15	43~62	二	
16	69~88	五	
17	57~76	三	
18	37~56	四	
19	72~91	二	
20	29~48	三	

(3) 30 组 20 页翻打（如表 3-11 所示）。

表 3-11 翻打传票训练(3)

题序	起止页数	行次	答案
1	53~72	三	
2	21~40	二	
3	35~54	四	

(续表)

题序	起止页数	行次	答案
4	48～67	五	
5	11～30	一	
6	65～84	五	
7	32～51	二	
8	27～46	一	
9	71～90	三	
10	62～81	一	
11	54～73	二	
12	18～37	四	
13	44～63	三	
14	3～22	五	
15	47～66	二	
16	33～52	五	
17	77～96	二	
18	8～27	四	
19	55～74	三	
20	28～47	一	
21	14～33	四	
22	46～65	五	
23	51～70	一	
24	42～61	五	
25	66～85	二	
26	6～25	三	
27	76～95	一	
28	61～80	四	
29	13～32	五	
30	5～24	二	

6. 考核标准

本实训考核标准如表 3-12 所示。

表 3-12 传票翻打考核标准

翻打方式	工具	优秀	良好	合格
组合翻打 10 分钟	计算器	正确 10 题	正确 8 题	正确 6 题
	数字小键盘	正确 12 题	正确 10 题	正确 8 题
顺序翻打 2 分钟	计算器	连续正确 70 串数字	连续正确 60 串数字	连续正确 50 串数字
	数字小键盘	连续正确 80 串数字	连续正确 70 串数字	连续正确 60 串数字

第四章 珠算技能

第一节 珠算文化

教学目标

通过本节内容的学习,了解算盘的发展历史,掌握算盘的结构和计数,为继续学习珠算技能奠定基础。同时,培养严谨认真细致的工作作风和优良的职业规范。

(一)认识算盘

算盘是中国传统的计算工具。中国人在长期使用算筹的基础上发明的算盘,是中国古代的一项重要发明,在阿拉伯数字出现前是世界广为使用的计算工具。在计算机已被普遍使用的今天,古老的算盘不仅没有被废弃,反而因它的灵便、准确等优点,在许多国家方兴未艾。联合国教科文组织将珠算列为人类非物质文化遗产,是我国第30项被列为"非遗"的项目。

古时候，人们用小木棍进行计算，这些小木棍叫算筹，用算筹作为工具进行的计算叫筹算。后来，随着生产的发展，用小木棍进行计算受到了限制，于是，人们又发明了更先进的计算工具——算盘。到了明代，珠算不但能进行加减乘除的运算，还能计算土地面积和各种形状物体的体积。

值得注意的是，"算盘"一词并不专指中国算盘。从现有文献资料来看，许多文明古国都有过各自的与算盘类似的计算工具。古今中外的各式算盘大致可以分为三类：沙盘类、算板类、穿珠算盘类。沙盘是在桌面、石板等平板上铺上细沙，人们用木棍等在细沙上写字、画图和计算。后来逐渐不铺沙子，而是在板上刻上若干平行的线纹，上面放置小石子（称为算子）来记数和计算，这就是算板。19世纪中叶，在希腊萨拉米斯发现的一块1米多长的大理石算板，就是古希腊算板，现存在雅典博物馆中。算板一直是欧洲中世纪时期的重要计算工具，不过形式上差异很大，线纹有直有横，算子有圆有扁，有时又造成圆锥形（类似现在的跳棋子），上面还标有数码。穿珠算盘指中国算盘、日本算盘和俄罗斯算盘。日本算盘叫十露盘，和中国算盘不同的地方是算珠的纵截面不是扁圆形而是菱形，尺寸较小而档数较多。俄罗斯算盘有若干弧形木条，横镶在木框内，每条穿着10颗算珠。在世界各种古算盘中，中国的算盘是最先进的珠算工具。

（二）算盘的结构与记数

1. 算盘的结构

算盘的发明历史悠久，在长期的社会实践过程中，我国劳动人民创造出各种精美的算盘。各种算盘尽管在大小和形状上有些区别,但它们的基本结构不外乎由框、梁、档、珠四大部分组成。现存的算盘形状不一、材质各异。如图 4-1 所示,一般的算盘多为木制(或塑料制品),算盘由矩形木框内排列一串串等数目的算珠,中有一道横梁把珠统分为上下两部分,算珠内贯直柱(俗称档),一般为 9 档、11 档或 13 档。档中横以梁,梁上 2 珠(财会用为 1 珠),每珠为 5;梁下 5 珠(财会用为 4 珠),每珠为 1。

图 4-1　认识算盘

如图 4-2 所示,现在人们普通使用经过改进后的算盘,它增加了清盘器、计位点、垫脚等装置。

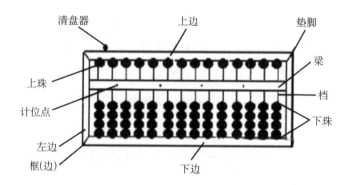

图 4-2　算盘清盘器、计位点

2. 算盘的记数

(1) 算盘以算珠靠梁表示记数。每颗上珠当五,每颗下珠当一,以空档表示零,以档表示数位。高位在左,低位在右。

(2) 置数前,算盘上不能有任何算珠靠梁。置数时,应先定位，由高位到低位（从左向右）将预定数字按位逐档拨珠靠梁。

（3）珠算在进行加减运算时极为方便。珠算加减从左向右进行，与实际工作中的读数顺序一致。可以边看边打，在被加数（被减数）上连加（连减）几个数，其结果立即从盘面显示出来。

（4）珠算在熟练地掌握了加减运算方法的基础上，乘除运算在盘上就变成了用大九九口诀的加减运算，不像笔算那样繁杂。

（5）珠算计算采用"五升十进制"。由于一颗上珠当五，当下珠满五时，需用同档的一颗上珠来代替，称为五升；当一档数满十向左档进一，称为十进。"五升十进制"是珠算运算中的规则，也是算盘赖以生存和发展的基础。

3. 珠算的常用名词

（1）算珠（珠、珠子、算盘珠）。在计算中，由于其所处的空间位置不同，而可以有不同赋值的珠子。有圆珠和菱珠两种。

（2）内珠（梁珠）。靠梁的算珠叫内珠，又叫梁珠，它表示数字。

（3）外珠（框珠）。离梁靠框的算珠叫外珠，也叫框珠，它通常表示零和无数字，作补数运算时，它也表示补数。

（4）带珠。拨珠时，把本档或邻档不应拨入或拨去的算珠带入或带出，叫带珠。

（5）漂珠（漂子）。拨珠时用力过轻或过重，造成不靠边不靠梁，浮漂在档中间的算珠。

（6）空盘。算盘上所有档上的算珠，全部靠框不靠梁叫空盘，空盘表示算盘里没有记数。

(7) 空档。上下珠都不靠梁的档,叫空档。"0"是以空档来表示的。

(8) 隔档。也称"隔位",一般称本档的左二档或右二档为隔档。

(9) 前档(上位)。算盘本位的左一档(位)比本位大十倍。

(10) 下档(下位)。算盘本位的右一档(位)是本位的十分之一。

(11) 借档(串档)。运算过程中未将算珠拨入应拨的档位。

(三) 典型实训范例

 实训范例

1. 握笔运算

为了减少在运算过程中拿笔与放笔的时间,提高计算效率,必须养成握笔运算的好习惯,这是必备的基本功之一。

握笔方法有三种:

(1) 如图 4-3 所示,将笔横握于右手掌心,用无名指和小指夹住笔杆,笔尖露于小指外,笔身横在拇指和食指之间,使拇指、食指和中指能灵活拨珠。将笔竖直即可写数,将笔复回原位又可运算。

图 4-3　握笔方法 1

(2)如图 4-4 所示,将笔横握于右手掌心,将笔夹在无名指和小指之间,笔尖在小指方向,笔身横在拇指和食指之间,笔杆的上端伸出虎口,将笔竖直即可写数,将笔复回原位又可运算。

图 4-4　握笔方法 2

(3)如图 4-5 所示,将笔横握于拇指和食指之间,笔头上端伸出虎口,笔尖露在食指和中指之外。将笔竖直即可写数,将笔复回原位又可运算。

图 4-5　握笔方法 3

2. 正确坐姿

打算盘的姿势正确与否直接影响运算的准与快。因为眼、脑、手要并用,配合要默契,动作要连贯,所以打算盘时,身要正,腰要直,肘和腕离开桌面,头稍低,要求视线落在算盘与练习题交界处,运算时靠视觉转移看数拨珠,不能摆头。如图 4-6 所示,打算盘时肘部摆动的幅度不宜过大,手离开桌面的距离大约为 0.5 cm,距离过低在运算中会产生带珠,距离过高会发生手指上下跳动拨珠。要做到指不离档,手指与盘面的角度一般为 45°～60°较好。

身体与桌沿的距离约 10 cm,算盘放在适当的位置,并与桌边基本平行。使用算盘时,应利用算盘的边与计算资料的行次进行运算。这样才能加快速度,提高运算质量。

图 4-6　正确坐姿

3. 看数的方法

在进行珠算运算时,看数的快与准直接影响到计算的速度和准确率。看数一般从位数较少的数开始,循序渐进。一开始就养成一眼一笔数的好习惯,如果不能这样,也可以分节看数,看数时万、千、百、个等位数和元、角、分等单位可不记,如 487,683.25 可一次看完记住,也可以分为 487-683.25,还可以分为 487-683-25 看,分节次数越少,越有利于运算速度的提高。看数的同时,右手立即拨珠,快要拨完一节,随即看下一节数,要上下环节连接起来,做到边看边打,否则,中间就会出现拨珠停顿,从而影响计算速度。数的位数与盘面上的计位点应对照起来,位数才能准确无误。熟练以后,要做到眼睛能兼顾到计算资料和算盘,使计算动作环环相扣。

如已具有一定的计算水平,可以根据自身情况在简单看数的基础上练习并行看数,做到眼到数出,随即拨入算盘中。看数是珠算计算最关键的第一步,无论是初学者还是有一定技术水平者,都必须重视,只有看数水平提高了,才能提高计算水平。

看数时应注意以下三方面的问题：

（1）计算资料离算盘的距离尽量缩短；

（2）看数时切忌念出声音；

（3）看数时头不要上下或左右摆动。

4. 写数的方法

计算完毕，将算盘上的答案记录下来，这是珠算运算的最后一个环节。表面上看，抄写数字与计算关系不大，但一道题的正确与否，除取决于运算拨珠是否正确外，还与抄写数字有较大的关系：一是数字抄写是否准确、清晰、整齐；二是抄写是否快捷。

在运算过程中，要养成笔不离手的习惯，写数时，应在准的基础上求快。要养成盯盘写数的好习惯，这就要锻炼眼睛捕捉盘上数字的能力，当一道题计算完毕时，左手握住清盘器，眼睛盯盘，在确定写数位置后，一笔数就能从高位到低位很快写完。写数时从高位到低位连同小数要一次书写完毕。只有做到盯盘写数，并认真练习，才能达到书写数字的准与快。

5. 正确的定位与清盘

计算水平的提高，除了涉及计算各环节相互衔接外，主要是要提高计算效率，尽量减少一些环节（如定位、清盘等）在整个计算过程中占用的时间。具体做法为：在一道题快要计算到尾数时，位数就已确定，应抓紧时间书写答案，当答案书写到末位数时，左手中指按下清盘器随即清盘。这样，定位、清盘就不占用计算时间，大大提高了运算的节奏和运算的效率。

使用装有清盘器的算盘，应直接使用清盘器进行清盘。

使用没有清盘器的算盘,其清盘方法是:将右手的拇指和食指捏拢,顺梁的两侧从右向左迅速将上下珠排开并靠边,每次清盘要求用力适当,动作不要重复。

6. 正确的置数

将数码拨入空盘,使算珠靠梁叫置数。

(1)算盘的记数。用档表示位,高位在左,低位在右,每隔一档,相差10倍;用珠表示数,靠梁的算珠表示数字,离梁的算珠表示0,下珠一颗当1,上珠一颗当5。记"1~4"只须下珠靠梁,记"5"拨入上珠,记"6~9"要兼拨上珠和下珠,珠算中的"0"以空档表示。

(2)算盘的记位。采用国际上通用的三分位节制,用横梁上的记位点表示。为了读写方便,可记住记位口诀为:个十百千万,三位分一节;一节前千位,二节前百万位。

如图4-7所示,数字"74"在算盘上可置为:

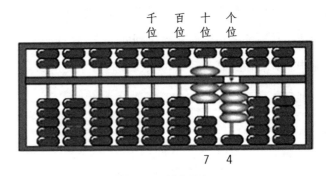

图4-7 算盘置数

(四)技能实训

1. 握笔训练

(1)采用第一种握笔姿势,将笔竖直书写数字567,然后将笔复回原位,反复 10 次。

(2) 采用第二种握笔姿势,将笔竖直书写数字 189,然后将笔复回原位,反复 10 次。

(3) 采用第三种握笔姿势,将笔竖直书写数字 981,然后将笔复回原位,反复 10 次。

2. 坐姿训练

将算盘与练习题置于桌上,一边朗读下列《算盘歌》,一边练习坐姿。

算盘歌

身体坐正微向前,两臂放松要自然;

盘离桌沿十公分,胸距身边有一拳;

头稍低,脚放平;

眼离算盘一尺远,双手放在盘上面,四指拨珠更灵便。

3. 看数训练

在练习纸上依次书写下列数字,然后将算盘和练习纸置于桌上,保持正确坐姿,看数,尽量做到一眼一笔数。要求:(1)练习纸离算盘的距离尽量缩短;(2)看数时切忌念出声音;(3)看数时头不要上下或左右摆动。

357	528	946
2,527	5,889	9,567
52,928	97,326	88,464
32,987,646	62,979,131	45,464,874
16,824,645,678	238,589,829,655	64,887,544,978

4. 写数训练

如图 4-8 所示,保持正确的握笔及坐姿,读出下列算盘数字后写在练习纸上。

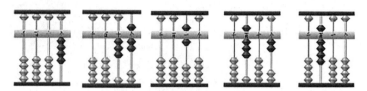

图 4-8 写数训练

5. 定位、清盘训练

将图 4-9 中题(1)的算盘数字在算盘上摆好,然后在练习纸上写出算盘数字,最后清盘。依次做完(2)至(6)题。

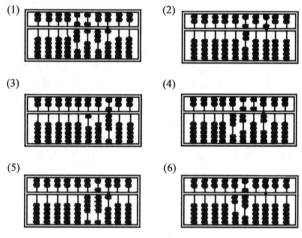

图 4-9 清盘训练

6. 置数训练

在算盘中依次置入下列数字。

258	906	321
5,527	9,889	2,507
64,928	50,326	99,464
17,907,646	96,979,131	37,000,874
54,824,000,678	93,858,829,655	80,887,544,978

第二节　珠算加减法

教学目标

通过本次实训，掌握拨打算盘的方法或技能，掌握珠算加减法的技能。培养严谨认真细致的工作作风和优良的职业规范。

(一) 拨打算盘的基本指法

拨打算盘采用三指拨珠的方法。三指拨珠是指右手的无名指、小指向掌心自然弯曲，拇指、食指、中指伸出，垂直于算盘进行拨珠。

拇指、食指、中指在拨珠过程中有严格的分工：

拇指专拨下珠靠梁，如图4-10所示。

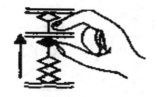

图4-10　拇指拨珠

食指专拨下珠离梁，如图4-11所示。

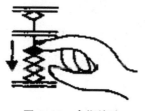

图4-11　食指拨珠

中指专拨上珠靠梁与离梁，如图 4-12 所示。

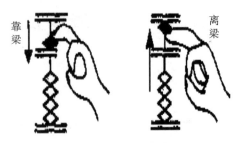

图 4-12　中指拨珠

在具体运算时，根据运算内容的不同，采用不同的拨珠指法。拨珠指法可分为单指独拨、两指联拨、三指联拨。

1. 单指独拨

按照手指分工一个手指一拨的指法叫单指独拨，如图 4-13 所示。

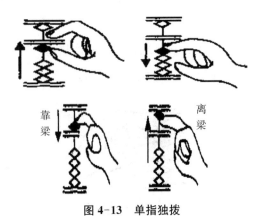

图 4-13　单指独拨

2. 两指联拨

利用拇指与中指、拇指与食指、食指与中指相互配合来进行拨珠的方法叫两指联拨，它可以提高拨珠量，加快运算速度。

两指联拨的基本指法有：

(1) 双合及双分。

双合(拨入 6、7、8、9 时)：拇指、中指在同一档拨珠靠梁，如图 4-14 所示。

双分(拨去 6、7、8、9 时)：食指、中指在同一档同时拨珠离梁，如图 4-14 所示。

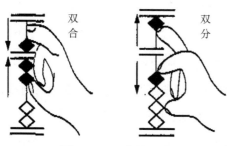

图 4-14　双合及双分

(2) 前后合及前后分。

前后合(拨入 15、25、35、45 时)：拇指、中指在前后档同时靠梁拨珠，如图 4-15 所示。

前后分(拨去 15、25、35、45 时)：食指、中指在前后档同时离梁拨珠，如图 4-15 所示。

图 4-15　前后合及前后分

(3) 双上及双下。

双上(如拨 5555－1234 时)：拇指、中指在同一档同时向上拨珠，如图 4-16 所示。

双下(如拨 1234＋4321 时)：中指、食指在同一档同时向下拨珠，如图 4-16 所示。

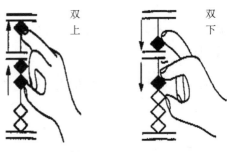

图 4-16　双上及双下

（4）前后上及前后下。

前后上（如拨 5＋5、25＋5、16＋15 等）：拇指、中指在前后档同时向上拨珠，如图 4-17 所示。

前后下（如拨 10－5、20－5 等）：中指、食指在前后档同时向下拨珠，如图 4-17 所示。

图 4-17　前后上及前后下

（5）扭进及扭退。

扭进（如拨 6＋9、8＋8、4＋7 等）：拇指在前一档向上运动的同时，食指在后一档向下拨珠，如图 4-18 所示。

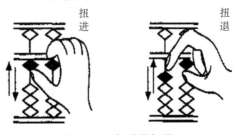

图 4-18　扭进及扭退

扭退（如拨 10－8、20－16、85－26 等）：食指在前一档向下运动的同时，拇指在后一档向上拨珠，如图 4-18 所示。

3. 三指联拨

拇指、食指、中指三个手指同时拨动算珠的指法叫三指联拨，它可以分为三指进和三指退，如图 4-19 所示。

① 三指进（如拨 6＋4、7＋3、9＋1 等）。食指、中指在本档拨上、下珠离梁时，拇指在前一档拨下珠靠梁。

② 三指退（如拨 10-2、10-3、10-4 等）。食指在前档拨下珠离梁时，拇指、中指同时拨上、下珠靠梁。

图 4-19　三指联拨

初学拨珠时，要严格注意手指分工，避免一些错误的拨珠指法，做到拨珠方法规范、自然。

练习拨珠运算时要留意以下 5 点：

（1）用力要适度，算珠要拨到位。既不能用力过重，也不能太轻。

（2）手指离开盘面距离要小，拨珠要连贯，做到指不离档。

（3）看准算珠再拨，力戒重复拨动某一算珠，减少不必要的附加动作。

（4）拨珠顺序。拨珠应先后有序，有条不紊为好，即便二指联拨、三指联拨，也有先后顺序，不能先后颠倒，层次不分。

(5) 拨珠要顺畅自然。拨珠时要做到手指协调自然。

只有熟练地掌握以上拨珠要领,才能提高拨珠效率,在拨珠过程中充分运用联拨运算,力求减少单指独拨,做到拨珠既稳又准。

(二) 珠算加法的规范与指法

1. 直加法

(1) 指法概念。当拨入被加数时,能直接拨珠靠梁即可完成的计算。

(2) 运算法则。一上一,二上二,三上三,……,九上九。

如图 4-20 所示,在计算 1+2 时,1 和 2 均直接拨珠靠梁即可完成。

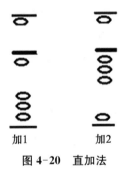

图 4-20 直加法

2. 凑数加法(满五加)

(1) 凑数。如果两数之和为 5,则这两个数互为凑数。例如,4 的凑数是 1。

(2) 指法概念。当被加数小于 5,又分别要加上少于 5 的各数时,必须加 5 再减去多加的数才可完成的计算。例如,计算 2+4,加 4 时,+4=+5-1。

(3) 运算法则。下珠不够,加5减凑。

3. 补数加法(进十加)

(1) 补数。如果两数之和为 10,则这两个数互为补数。例如,1 的补数是 9。

(2) 指法概念。在同一档两数相加的和大于或等于 10,必须向左进位才可完成的计算。例如,计算 9+1,加 1 时,+1=+10-9。

(3) 运算法则。本档满 10,减补进 1。

4. 凑补加法(破五进十加)

(1) 指法概念。如果本档已有上珠靠梁,要加上 6、7、8、9 各数,减补进 1,但下珠不够,先加凑去 5,再向前档进 1 才可完成的计算。例如,计算 6+7,加 7 时,+7=+2-5+10。

(2) 运算法则。减补进 1 不行,加凑减 5 再向前档进 1。

如表 4-1 所示,上述四种计算可采用下列口诀加以记忆。

表 4-1 加法口诀表

加数	不进位的加		进位的加	
	直加	满五加	进十加	破五进十加
一	一上一	一下五去四	一去九进一	
二	二上二	二下五去三	二去八进一	
三	三上三	三下五去二	三去七进一	
四	四上四	四下五去一	四去六进一	
五	五上五		五去五进一	
六	六上六		六去四进一	六上一去五进一
七	七上七		七去三进一	七上二去五进一
八	八上八		八去二进一	八上三去五进一
九	九上九		九去一进一	九上四去五进一

(三) 珠算减法的规范与指法

珠算减法是珠算的基本运算法则之一,依据珠算计算原理,以算盘为计算工具,应用运算法则,求两个数的差的运算方法。珠算减法可分为珠算基本减法和珠算简捷减法,基本减法又可分为传统口诀减法和近代无诀减法(凑五补十法);简捷减法根据改变运算过程的不同情况又可分为若干种。

1. 直减法

(1) 指法概念。当拨去被减数时,能直接拨珠离梁即可完成的计算。

(2) 运算法则。减看内珠,够减直减。

2. 凑数减法(破五减)

(1) 指法概念。如果本档上珠已靠梁,在减去小于 5 的各数时,下珠不够直减,必须先减去 5,再加上多减的数才可完成的计算。例如,计算 5－1,减 1 时,－1＝－5＋4。

(2) 运算法则。下珠不够,加凑减 5。

3. 补数减法(退位减)

(1) 指法概念。在本档被减数小于减数不够减时,必须向前档借 1 作为本档的 10 来减,同时,在本档加还多减的数即可完成的计算。例如,计算 11－3,减 3 时,－3＝－10＋7。

(2) 运算法则。本档不够减,退 1 加补。

4. 凑补减法(退十补五减)

(1) 指法概念。在本档只有下珠靠梁时,要减去 6、7、

8、9各数,退1加补,但下珠不够,先加上5,再减去补数的凑数才可完成的计算。例如,计算11－6,减6时,－6＝－10＋5－1。

(2) 运算法则。退1加补不够,加5减补数的凑数。

如表4－2所示,上述四种计算可采用下列口诀加以记忆。

表4－2 减法口诀表

减数	不退位的减		退位的减	
	直减	破五减	退位减	退十补五减
一	一下一	一上四去五	一退一还九	
二	二下二	二上三去五	二退一还八	
三	三下三	三上二去五	三退一还七	
四	四下四	四上一去五	四退一还六	
五	五下五		五退一还五	
六	六下六		六退一还四	六退一还五去一
七	七下七		七退一还三	七退一还五去二
八	八下八		八退一还二	八退一还五去三
九	九下九		九退一还一	九退一还五去四

(四) 典型实训范例

 实训范例

1. 加法范例

计算:1＋2＋3＋4＋5＋6＋7＋8＋9＝45,如图4－21所示。

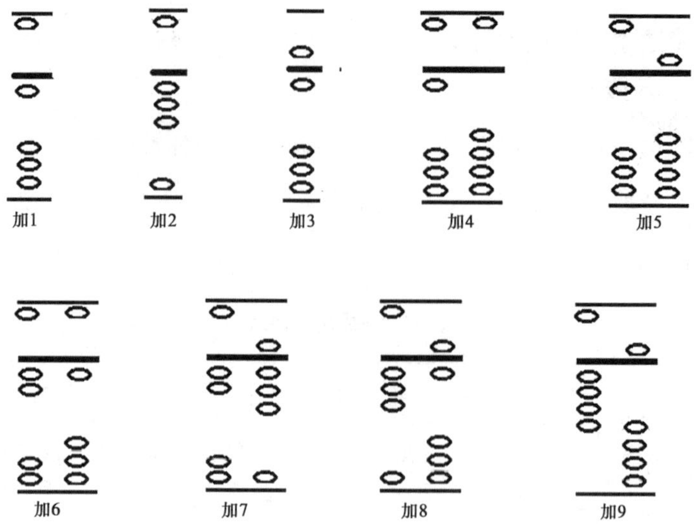

图 4-21 加法表

一上一：被加数为 1，算盘个位下排的算珠往上拨 1 粒；

二上二：加 2 时，算盘个位下排的算珠往上拨 2 粒；

三下五去二：加 3 时，算盘个位上排的算珠往下拨 1 粒，下排的算珠往下拨 2 粒；

四去六进一：加 4 时，拨去个位的算珠，算盘上十位的下排算珠往上拨 1 粒；

五上五：加 5 时，算盘个位上排的算珠往下拨 1 粒；

六上一去五进一：加 6 时，算盘个位下排的算珠往上拨 1 粒，上排的算珠拨去，算盘十位的下排算珠往上拨 1 粒；

七上七：加 7 时，算盘个位上排的算珠往下拨 1 粒，下排的算珠往上拨 2 粒；

八去二进一：加 8 时，算盘个位下排的算珠往下拨 2 粒，算盘十位的下排算珠往上拨 1 粒；

九去一进一：加 9 时，算盘个位下排的算珠往下拨 1 粒，算盘十位的下排算珠往上拨 1 粒；

读出计算结果数：45。

2. 减法范例(见图4-22)

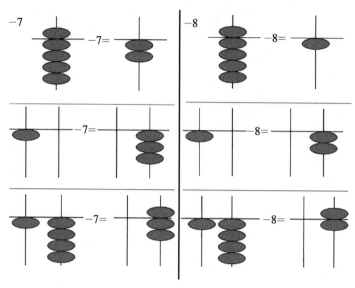

图4-22 减法表

左上图,9－7＝? 直减法,七去七,得数2。

右上图,9－8＝? 直减法,七去七,得数1。

左中图,10－7＝? 退位减,七退一还三,得数3。

右中图,10－8＝? 退位减,八退一还二,得数2。

左下图,14－7＝? 退十补五减,七退一还五去二,得数7。

右下图,14－8＝? 退十补五减,八退一还五去三,得数6。

(五)技能实训

实训4-1

加法实训

(1)直加法训练。

4,325＋5,162＝9,487

61,725+73.051=61,798.051

8,402+1,576=9,978

476.12+21.85=497.97

210.87+258.12=468.99

260.13+12.56=272.69

5.14+74.60=79.74

7,231+51,608=58,839

62,213+15,260=77,473

5,294+53,805=59,099

(2) 凑数加法(满五加)训练。

4,312+52,344=56,656

235.14+420.42=655.56

84,321+2,444=86,765

62,342+4,234=66,576

1,234+6,432=7,666

43,231+13,434=56,665

74,324+1,342=75,666

524.31+42.34=566.65

24,342+53,224=77,566

14.23+643.42=657.65

(3) 补数加法(进十加)训练。

6,798+5,463=12,261

456.80+755.30=1,212.10

78.96+343.25=422.21

429.88+893.37=1,323.25

7,459+83,953=91,412

89,873+33,449=123,322

89,673+32,548=122,221

62.78＋759.43＝822.21

938.24＋84.97＝1,023.21

7,895＋44,565＝52,460

(4) 凑补加法(破五进十加)训练。

6,757＋7,667＝14,424

67.56＋386.76＝454.32

3,275.86＋69.67＝3,345.53

58.96＋96.78＝155.74

57,768＋12,686＝70,454

568＋14,686＝15,254

7,576＋6,768＝14,344

3,576＋74,968＝78,544

26.87＋98.69＝125.56

7,685＋36,769＝44,454

实训 4-2

减法实训

(1) 直减法训练。

4,498－2,132＝2,366

67,849－51,726＝16,123

6,398－5,266＝1,132

97,649－82,615＝15,034

83,697－62,135＝21,562

768.94－561.82＝207.12

82,976－61,955＝21,021

98.74－63.51＝35.23

67,958－61,352＝6,606

79,468−57,106=22,362

(2) 凑数减法(破五减)训练。

6,857−2,413=4,444

758.66−424.48=334.18

5,768−1,324=4,444

7,586−3,142=4,444

8,756−4,312=4,444

55,863−12,432=43,431

865.76−441.32=424.44

86,755−42,312=44,443

65,875−42,431=23,444

458.67−14.23=444.44

(3) 补数减法(退位减)训练。

82,613−69,724=12,889

253.56−154.78=98.78

110.29−33.47=76.82

325.65−146.87=178.78

61,512−47,953=13,559

752.34−289.45=462.89

925.41−638.59=286.82

624.13−395.84=228.29

73,221−49,387=23,834

84,321−75,498=8,823

(4) 凑补减法(退十补五减)训练。

143.42−87.96=55.46

744.21−398.76=345.45

344.32−89.76=254.56

612.34−467.79=144.55

52,314−26,867＝25,447

842.31−379.86＝462.45

542.43−396.87＝145.56

614.23−269.78＝344.45

84,132−49,687＝34,445

53,424−46,968＝6,456

第三节 珠算乘除法

教学目标

通过本次实训,了解珠算乘法和除法的基本规范,掌握珠算乘法和除法的指法,掌握珠算乘法和除法计算的方法或技能,培养严谨认真细致的工作作风和优良的职业规范。

(一)珠算乘法的规范与指法

珠算乘法是在加法的基础上,根据乘法口诀进行的运算,乘法是加法的简便运算。珠算乘法的种类很多,按不同的分类方法,可有置数乘法、空盘乘法、前乘法、后乘法、隔位乘法、不隔位乘法等,在这些方法中,空盘前乘法既简便,又容易掌握,我们要学习的也是这种方法。

空盘前乘法中的"空盘",是指被乘数和乘数均不置在算盘上,而将两者的乘积直接拨在算盘上;"前乘"是指乘数首先同被乘数的首位相乘,随后自左向右逐位相乘,直至乘完为止。

空盘前乘法的优点是:乘数和被乘数事先均不布入算盘,节约了拨珠布数的时间,尤其在求多笔乘积之和的算题时,可边乘边加,不必把各个乘积算得后再相加,节约了运算时间,提高了运算速度。

要学习空盘前乘法,需要有一些预备知识:

(1) 必须使用大九九口诀。

大九九口诀是指大数在前、小数在后的口诀,例如,$9×2=18,8×7=56$。

小九九口诀是指小数在前、大数在后的口诀,例如,$2×9=18,7×8=56$。

大九九口诀一律四字一句,有利于避免错位,可以提高计算速度。

(2) 每个单积必须使用两位数记积法。

单积是指两个1位数相乘所得的积。例如,$5×3=15$,15即为单积。

两位数记积法是指每两个1位数相乘的积必须是两位数,没有数都要用0补齐。例如,$6×4=24,5×1=05,3×0=00$。

(3) 乘数的选择。

A:选择夹有0的数作为乘数;

B:选择有相同基数的数;

C:选择数位少的数。

优先顺序为:A、B、C

空盘前乘法分下列几种情况进行计算。

1. 一位数乘法

一位数乘法是指乘数是一位数的乘法,主要是多位数乘法的基础。

空盘前乘的基本方法是:

（1）心记乘数,眼看被乘数。

（2）用乘数从高位向低位去乘被乘数的每一位。

（3）把各个单积依次退位叠加。

一位数乘法的规律是:被乘数是第几位,它与乘数相乘之积的十位就放在盘左的第几档。其个位后推一档。把各个单积依次退位叠加。

2. 多位数乘法

多位数乘法是指乘数和被乘数都在二位或二位以上的数字相乘的乘法。

多位数乘法的方法是:用乘数的首位数从左向右去乘被乘数的各位,把各单积依次退位叠加,结果为第一分积;再用乘数的次字位从左向右遍乘被乘数的各位,从第一分积的第二位起依次退位叠加,结果为第一分积和第二分积之和;若乘数还有第三位,方法同上,各单积从一、二分积之和的第三位起退位叠加即可。

多位数乘法的规律是:①乘数的首位与被乘数相乘,被乘数是第几位,积的十位就放在盘左的第几档;②乘数是第几位,它与被乘数的首位相乘之积的十位就放在盘左的第几档,其个位后推一档。

（1）被乘数和乘数中不含零的乘法。

如 $587 \times 964 = ?$,按照上述多位数乘法计算的方法即可。

（2）被乘数中含零的乘法。

如 $5807 \times 964 = ?$,$58007 \times 964 = ?$

方法:乘到零时,有一个零向后移一位,有二个零向后移二位,以此类推。

（3）乘数中含零的乘法。

如 $587 \times 904 = ?$,$587 \times 9004 = ?$

方法:乘数含零,跳过不乘,下一分积直接对位相加。

(4) 被乘数和乘数中均含零的乘法。

如 5087×904＝?

方法：被乘数含零，乘到零时向后移位，乘数含零，跳过不乘。

3. 小数乘法

用珠算计算，定位很重要，如果算盘上没有固定的位数，同样的数就不能确定它数值的大小，如 3、0.3、300 等，因此，必须先给盘上的各档定位。

(1) 数的位数。

如图 4-23，确定了小数点的位置后，每一组数字的位数也就明确了。

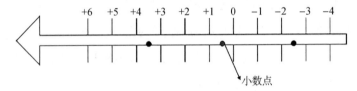

图 4-23 小数点的使用

数的位数可分为：

① 正位数。凡整数和带小数的数字，有 n 位整数就叫正 n 位。

57328(＋5 位)　57.328(＋2 位)　5.7328(＋1 位)

② 零位数。凡纯小数的小数点后面到有效数字之间没有 0 的数。

0.57328(0 位)　0.64(0 位)

③ 负位数。凡纯小数的小数点到有效数字前，有 n 个 0 就叫负 n 位。

0.057(－1 位)　0.0057(－2 位)　0.00057(－3 位)

(2) 积的定位方法。

公式：乘积的首位上盘数位＝被乘数位数＋乘数位数

例 4-1

57.32×86＝？　定位：2＋2＝＋4（＋4 位起拨 8×5＝40 的 4）

例 4-2

0.5732×0.086＝？　定位：0＋（－1）＝－1（－1 位起拨 8×5＝40 的 4）

例 4-3

624×9.07＝？　定位：3＋1＝＋4（＋4 位起拨 9×6＝54 的 5）

(3) 小数乘法例题解析：7.3×0.0025＝？

计算过程如下：

① 在算盘上选定一个计位点的左一位档为个位档。

② 由于乘积的首位上盘数位＝被乘数位数＋乘数位数，计算 M＋N＝1＋（－2）＝－1，所以，首位上盘数位为－1 位，并进行计算。

③ 盘面结果 0.01825 即为所求积数。运算完毕。

4. 简捷乘法

在实际工作中，存在着许多小数计算，这些繁锁的计算有时因需要又无法回避，在保证预定精度的前提下，可省略多余的小数计算，简化运算过程，达到既准确又快速的要求。下面介绍这种非常实用的方法——省乘法。

省乘法的计算方法如下：

(1) 先确定运算档位。

运算档位＝M＋N＋F＋1,其中,M 是被乘数的位数；N 是乘数的位数；F 是预定度；1 是度的保险系数。

例 4-4

8.9476325×0.716843＝　（保留二位小数）

① 确定运算档位＝1＋0＋2＋1＝4 位；

② 确定压尾档(运算档的下一档为压尾档)；

③ 拨上压尾珠(压尾档上所有算珠靠梁为压尾珠)；

④ 在乘加各单积时,落在压尾档上的数四舍五入,余下部分不需要计算。

(2) 计算步骤。

① 先在盘上固定个位档；

② 确定被乘数和乘数首位相乘入盘的档次,用 M＋N；

③ 用空盘前乘法计算积,运算截止到压尾档的下一位,该位作四舍五入处理,余下部分不需要计算；

④ 运算完后,压尾档的数字四舍五入,其余各档上的数(包括盘上的小数点)合起来就是所求的积。

(二) 珠算除法的规范与指法

除法是乘法的逆运算,是指已知两个因数的积和其中一个因数,求另一个因数的运算方法。其算式为:被除数÷除数＝商数。珠算除法的方法很多,有归除法、扒皮除法、加减代除法、商除法等,在这些方法中,因商除法与笔算法基本相同,它们均具有易学易懂、计算速度快等优点。以下介绍商除法。

1. 一位数除法

除法是一位有效数字的除法即为一位数除法。

第一步：布数——把被除数拨上盘；

第二步：估商——用乘法口诀逆推估商；

第三步：置商——够除，隔位置商；不够除，挨位置商；

第四步：减积——从商的右一档起，减去商×除数的积。

2. 多位数除法

除数是两位数或两位数以上的除法即为多位数除法。多位数除法以一位数除法为基础，计算步骤与一位数除法相同，只是在估商和减积时，有自己的特点。估商的准确性是一个难点，应根据算题的具体情况灵活使用三种估商的方法（除首估商法、除首加1估商法、除二位估商法）。减积时注意：始终用商去乘除数的每一位；手不离档，依次退位叠减。

（1）除首估商法。

当除数的次高位较小时，在估商时只看除数首位即可。

例 4-5

$34776 \div 72 =$（挨位商）

例 4-6

$303468 \div 418 =$（挨位商）

（2）除首加1估商法。

当除数的次高位较大时，估商时有一点难度，可使用除首加1估商法。

例 4-7

182369÷281＝（挨位商）

若是除首2能商9,但除数第2位9×8＝72就不够减了,说明商大了,使用除首加1估商法,即把281看成300,就容易多了,就能够解决这个问题。把除数看成300可商6。

（3）除二位估商法。

当除数次高位不大也不小时（一般为4、5、6）,估商时不能忽略,也不能在除首加1时,就使用除二位估商的方法。

例 4-8

186992÷248＝754

3. 除法的补商与退商

多位数除法由于数位较多,在估商时,难免偏小或偏大,为提高运算速度,可采用补商或退商的方法来加以调整。

（1）补商。在多位数除法运算过程中,有时因估商偏小,乘减后余数仍大于或等于除数,这时不必重新计算,可用补商的方法来调整商数。

补商的方法是:在原试商档加上少商的数。例如,在商上补加1就从余数中减去一个除数;在商上补加2,就从余数中减去2倍除数。

（2）退商。在多位数除法运算过程中,有时因估商偏大,乘减了几个单积后才发现不够减,如果清盘重来极易浪费时间,有一个弥补的方法,既可解决问题,又节约了时间,这就是退商。被除数余数内不够减去商与除数第二位以下各数的乘积,则将商减少1,并按除数首位的数字加在下一档。

4. 小数除法

珠算小数除法与小数乘法一样,都必须先定位。只是小数乘法是对积的首位上盘进行定位,而小数除法是对被除数首位上盘进行定位。数的位数确定方法也与乘法相同,分为正位数、零位数、负位数三种。其他计算步骤同一位数除法和多位数除法。

定位公式:$P=M-N-1$

其中,P 是被除数首位数布入盘中的档位;M 是被除数的位数;N 是除数的位数。

例如,$275.98 \div 6.47 = ?$

定位:$P=3-1-1=1$(被除数的首位应从正 1 位拨起)

(三) 典型实训范例

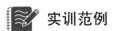 实训范例

1. 乘法实训范例

(1) 一位数乘法。

例如,$73921 \times 4 = ?$

① 在算盘上选定一个计位点的左一位档为个位档。

② 由于乘积的首位上盘数位=被乘数位数+乘数位数,计算 $M+N=5+1=+6$,所以,首位上盘数位为+6 位,在+6 位置入 $7 \times 4 = 28$ 的2,在+5 位置入 $7 \times 4 = 28$ 的8。其余置数如图 4-24 所示。

$$4\times7+28$$
$$4\times3+12$$
$$4\times9+36$$
$$4\times2+08$$
$$4\times1+04$$
$$\overline{295684}$$

图 4-24　演示过程

③ 盘面结果 295684 即为所求积数。运算完毕。

(2) 多位数乘法。

例如，$8361\times75=?$

理解：$8361\times75=8361\times70+8361\times5$

（第 1 分积）+（第 2 分积）

① 在算盘上选定一个计位点的左一位档为个位档。

② 先置入第一分积：由于乘积的首位上盘数位＝被乘数位数＋乘数位数，计算 $m+n=4+2=+6$，所以，首位上盘数位为 +6 位，在 +6 位置入 $8\times7=56$ 的 5，在 +5 位置入 $8\times7=56$ 的 6。再置入第二分积：由于乘数 5 是第 2 位，它与被乘数的首位相乘之积的十位就放在盘左的第 2 位上，其个位后推一档。如图 4-25 所示。

```
8361×70         56
                 21
                 42
                 07
               ─────
                58527
8361×5          40
                 15
                 30
                 05
               ─────
               627075
```

图 4-25　计算过程

③ 盘面结果 627075 即为所求积数。运算完毕。

(3) 被乘数夹 0 的乘法。

例如，$5807\times96=?$（见图 4-26）

```
         5807×90             45
                             72
                             00
                             63
                          ─────
                          52263
         5807×6             30
                            48
                            00
                            42
                          ─────
                         557472
```

图 4-26　计算过程

(4) 乘数夹 0 的乘法。

例如，628×307=？（见图 4-27）

```
                   18
                   06
                   24
                ──────
                 1884
                   42
                   14
                   56
                ──────
               192796
```

图 4-27　计算过程

(5) 小数乘法。

例如，0.324×6.8=？

① 定位：确定第一单积十位数拨入档为 0＋1＝＋1 档。

② 按整数的方法进行计算（注意第一单积十位数应拨在＋1 档）。如图 4-28 所示。

```
             18    ("1"正 1 档)
             12
             24
          ──────
            1944
             24
             16
             32
          ──────
           22032
```

图 4-28　计算过程

③ 盘面结果 2.2032 即为所求积数。运算完毕。

(6) 省乘法

例如，3.682×4.253＝？（保留二位小数）

① 运算档位＝M＋N＋F＋1＝1＋1＋2（预定度）＋1（保险系数）＝5

② 在盘上固定个位档。确定压尾档为第 5＋1＝6 位并拨上压尾珠

③ 确定被乘数和乘数首位相乘入盘的档次，用 M＋N＝1＋1＝2，用空盘前乘法计算积，运算截止到压尾档的下一位，该位作四舍五入处理，余下部分不需要计算。

④ 运算完后，压尾档的数字四舍五入，其余各档上的数（包括盘上的小数点）合起来就是所求的积。3.682×4.253＝15.66 即为所求。

2. 除法实训范例

(1) 一位数除法（挨位商）。

例如，275896÷4＝？

第一步：布数（见图 4-29），即把被除数拨上盘。

定位：P＝6－1－1＝4（即被除数的首位应从正 4 位拨起）

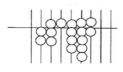

图 4-29 第一步

第二步：估商，即用乘法口诀逆推估商（如果一位不够除，看两位）。一位 2 不够除 4，看两位 27，由于 4×6＝24 与 27 最接近，故估商为 6。

第三步：置商，够除，隔位置商；不够除，挨位置商（见图 4-30）。一位 2 不够除 4，故挨位置商 6。

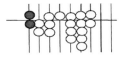

图 4-30　第三步

第四步:减积,即从商的右一档起(见图 4-31),减去商×除数的积(6×4 减 24)。

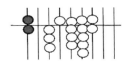

图 4-31　第四步

以下余数重复上述 4 个步骤,直至乘减完毕,得数即为本道题的商数 68974。

(2) 一位数除法(隔位商)。

例如,67928÷4=？

第一步:布数(见图 4-32),即把被除数拨上盘。

定位:P=5-1-1=3(即被除数的首位应从正 3 位拨起)

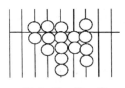

图 4-32　第一步

第二步:估商,即用乘法口诀逆推估商(一位不够除,看两位)。一位 6 够除 4,由于 4×1=4 与 6 最接近,故估商为 1。

第三步:置商,够除,隔位置商;不够除,挨位置商(见图 4-33)。一位 6 够除 4,故隔位置商 1。

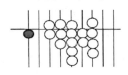

图 4-33　第三步

第四步:减积,即从商的右一档起,减去商×除数的积(1×4减04)(见图4-34)。

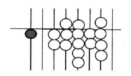

图4-34 第四步

以下余数重复上述4个步骤,直至乘减完毕,得数即为本道题的商数16982。

(3) 多位数除法。

例如,34776÷72=?

第一步:布数(见图4-35),把被除数34776拨上盘。

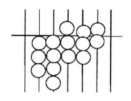

图4-35 第一步

第二步:估商,由于除数次位2较小,采用首位估商法,估商为4。

第三步:置商,够除,隔位置商;不够除,挨位置商(见图4-36)。34不够除72,故挨位置商4。

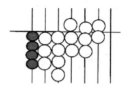

图4-36 第三步

第四步:减积,即从商的右一档起(见图4-37),减去商×除数的积7×4减28,再往下一位减去商×除数的积2×4减08。

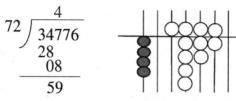

图 4-37 第四步

以下余数重复上述 4 个步骤,直至乘减完毕,得数即为本道题的商数 483。

(4) 小数除法。

例如,275.98÷64.7＝?（精确到 0.01）

第一步:定位（确定被除数首位数布入盘中的档位）（见图 4-38）。

P＝3－2－1＝0

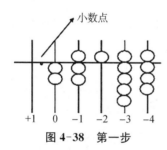

图 4-38 第一步

第二步:按整数的方法进行计算,得数 4.27。

(5) 除法的补商与退商。

① 补商。

例 4-9

1497144÷1749＝?（估商 7）

```
                    1497144
(估商 7)      －    07         (7×1)
              －    49         (7×7)
              －    28         (7×4)
              －       63      (7×9)
                  ─────────
                    272844
```

图 4-39 计算过程

余数中仍包含一个除数 1749,应补商 1(7+1),从 2728 中减去一个除数 1749 即可。

② 退商。

例 4-10

16284÷276=？（估商 6）

```
    16284
 —     12     （6×2）
 —     42     （6×7）
 —     36     （6×6）[不够减]
```

图 4-40　计算过程

估商 6 大了,只能商 5,运算中已经减掉了 6 个 27,退一个商后应加还 1×27=27,然后再继续乘减 5×6=30,继续估商下一个数。

（四）技能实训

实训 4-3

乘法实训

（1）一位数乘法训练。

123456789×2=246913578

123456789×3=370370367

123456789×4=493827156

123456789×5=617283945

123456789×6=740740734

123456789×7=864197523

（2）多位数乘法训练。

75×39=2925

648×54＝34992

9286×43＝399298

586×672＝393792

6537×842＝5504154

3895×9614＝37446530

(3) 被乘数夹 0 的乘法训练。

809×54＝43686

307×62＝19034

604×38＝22952

5008×79＝395632

6004×786＝4719144

90001×4295＝386554295

(4) 乘数夹 0 的乘法训练。

839×504＝422856

317×6002＝1902634

694×308＝213752

692×4001＝2768692

216×108＝23328

9254×60005＝555286270

(5) 小数乘法训练。

8.07×3.06＝24.6942

728.54×2.09＝1522.6486

107.3×5.04＝540.792

2.047×0.00956＝0.01956932

(6) 省乘法训练(保留二位小数)。

8.07×3.06＝24.69

728.54×2.09＝1522.65

93.16×0.0724＝6.74

107.3×5.04=540.79

2.047×0.00956=0.02

4278.9×0.08236=352.41

实训 4-4

除法实训

（1）除法定位训练。

275.98÷64.7=　　　P=3−2−1(0位)

275.98÷6.47=　　　P=3−1−1(+1位)

27.598÷0.647=　　　P=2−0−1(+1位)

2.7598÷0.0647=　　　P=1−(−1)−1(+1位)

（2）一位数除法训练。

15948÷4=3987

26384÷8=3298

72963÷3=24321

987847÷7=141121

（3）多位数除法训练。

54825÷731=75

17810÷26=685

123456789÷52=2374169…1

123456789÷32=3858024…21

（4）小数除法训练（精确到0.01）。

89.096÷0.43=207.20

0.54784÷0.073=7.50

321.984÷4.8=67.08

85.44÷16=5.34
42.84÷7=6.12
67.5÷15=4.50

第五章 会计单据填写训练

第一节 原始凭证填写

教学目标

通过本次实训,学会识别原始凭证,熟悉常用原始凭证的样式和内容,能正确填写原始凭证并理解审核原始凭证的作用和过程,理解岗位职责分离的必要性,培养严谨认真细致的工作作风和优良的职业规范。

(一)原始凭证的识别

1. 原始凭证的概念及其种类

原始凭证是在经济业务发生时取得或填制的,用以记录和证明经济业务执行或完成情况的凭证。

企业的原始凭证的种类很多,根据不同的划分标准,可以对原始凭证进行不同的划分：

(1) 按来源划分，原始凭证可以分为自制原始凭证和外来原始凭证。自制原始凭证是由企业内部经办业务的部门或人员执行或完成经济业务时填制的凭证；外来原始凭证是指在与外企业发生经济业务时，从外单位取得的凭证，并非企业内部经办部门或人员填制而来。

(2) 按照填制手续及内容划分，原始凭证可以分为一次凭证、累计凭证和汇总凭证。一次凭证是指反映一项经济业务或同时记录若干项同类性质经济业务的原始凭证，填制手续一次完成；累计凭证是指在一定时期内（一般为一个月）连续发生的同类性质经济业务的自制原始凭证，其填制手续是随着经济业务事项的发生而分次进行的；汇总凭证是指根据一定时期内反映相同经济业务的多张原始凭证，经过汇总编制而成的自制原始凭证，以集中反映某项经济业务总体发生情况，如工资汇总表。

(3) 按照格式不同划分，原始凭证可以分为通用凭证和专用凭证。通用凭证是指由相关部门统一印制、在一定范围内使用的具有统一格式和使用方法的原始凭证，如增值税专用发票；专用凭证是指由单位自行印制、仅在本单位内部使用的原始凭证，如领料单。

2. 原始凭证的基本要素

根据所要反映的经济内容不同，企业取得或填制的原始凭证的具体格式各有差异，不论何种类别的原始凭证，都具备以下基本要素：

(1) 原始凭证的名称；

(2) 原始凭证的填制日期和凭证编码；

(3) 填制凭证单位的名称及公章或专用章；

(4) 接受凭证的单位或个人名称；

(5) 经济业务内容摘要；

(6) 经济业务涉及的数量、计量单位、单价和金额；

(7) 经办部门或人员的签章。

（二）常用原始凭证的填制

常用原始凭证包括现金支票、转账支票、现金解款单、银行进账单、银行电汇凭证、银行本票、银行汇票、银行承兑汇票、商业承兑汇票、增值税普通发票、增值税专用发票、解款单、报销单、出库单、入库单、工资汇总表等，不同的原始凭证都有基本的填制要求：

(1) 记录要真实；

(2) 内容要完整；

(3) 手续要完备；

(4) 书写要清楚、规范；

(5) 编号要连续；

(6) 不得涂改、刮擦、挖补；

(7) 填制要及时；

(8) 格式要统一。

（三）原始凭证的审核

1. 原始凭证的审核内容

《会计法》规定，会计机构、会计人员必须按照国家统一的会计制度的规定对原始凭证进行审核，对不真实、不合法的原始凭证有权不予接受，并向单位负责人报告；对记载不准确、不完整的原始凭证予以退回，并要求按照国家统一的会计制度的规定更正、补充。

原始凭证的审核主要从真实性、合法性、合理性、准确性和完整性 5 个方面进行审核。

(1) 真实性。包括日期是否真实、业务内容是否真实、数据是否真实等。

(2) 合法性。经济业务是否符合国家有关政策、法规、制度的规定,是否有违法乱纪等行为。

(3) 合理性。原始凭证所记录的经济业务是否符合企业生产经营活动的需要、是否符合有关的计划和预算等。

(4) 准确性。包括数字是否清晰,文字是否工整,书写是否规范,凭证联次是否正确,有无刮擦、涂改和挖补等。

(5) 完整性。原始凭证的内容是否齐全,包括有无漏记项目、日期是否完整、有关签章是否齐全等。

2. 原始凭证中常见的错误与舞弊

(1) 内容记载含糊不清,或故意掩盖事实真相,进行贪污作弊;

(2) 单位抬头不是本单位;

(3) 数量、单价与金额不符;

(4) 无收款单位的签章;

(5) 开具阴阳发票,进行贪污作弊;

(6) 在整理和粘贴原始凭证过程中作弊;

(7) 模仿领导字迹签字冒领;

(8) 涂改原始凭证上的时间、数量、单价、金额,或添加内容和金额。

3. 问题原始凭证的处理

在审核原始凭证的过程中,会计人员应认真执行《会计法》所赋予的职责、权限,坚持制度和原则,对有问题的原始凭证,进行相应的处理。

(1)对于违反国家规定的收支,超过计划、预算或超过规定标准的各项支出,违反制度规定的预付款项,非法出售材料、物资,任意出借、变卖、报废和处理财产物资以及不按国家规定乱挤乱摊生产成本的凭证,都应该拒绝;

(2)对于内容不完全、不完备,数字有差错的凭证,应予以退回,要求经办人补齐手续或进行更正;

(3)对于伪造或涂改凭证等弄虚作假、严重违法的原始凭证,在拒绝办理的同时,应当予以扣留,并及时向单位主管或上级主管报告,请求查明原因,追究当事人责任。

(四)典型实训范例

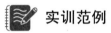 实训范例

1. 原始凭证填制举例

例5-1

现金支票填制

注意事项

（1）右边为支票正本，出票人填制完成后交付持票人；

（2）左边为支票存根，出票人填制完成后留作记账依据；

（3）"出票日期"需要大写；

（4）小写金额前需填写"￥"；

（5）大写金额需要紧跟"人民币（大写）"，不得空格。

例 5-2 银行进账单填制

注意事项

（1）进账单与转账支票、银行汇票、银行本票配套使用，需填写相应票据种类和号码；

（2）小写金额前需填写"￥"；

（3）大写金额需要紧跟"人民币（大写）"，不得空格。

例 5-3

增值税发票填制

上海增值税专用发票

发票联

No 8932508876

开票日期：2020年1月20日

34001977192

第二联：发票联购买方记账凭证

购买方	名称：上海米粒家居公司		密码区	略		
	纳税人识别号：9170908080198024343					
	地址、电话：上海市浦东新区星光路13号021-6805666					
	开户行及账号：农业银行南汇支行7890853					

货物或应税劳务、服务名称	规格型号	单位	数量	单价	金额	税率	税额
餐桌	2m*1m	张	30	500.00	15,000.00	13%	1,950.00
合　计					¥15,000.00		¥1,950.00

价税合计（大写）	⊗壹万陆仟玖佰伍拾元整	（小写）¥16950.00

销售方	名称：上海爱家家具公司	备注	（上海爱家家居 914090902099888777 发票专用章）
	纳税人识别号：914090902099888777		
	地址、电话：上海市浦东新区青春路303号021-6806711		
	开户行及账号：		

收款人：　　　　复核：　　　　开票人：夏天　　　　销售方：（章）

💡 **注意事项**

（1）"开票日期"为企业销售货物、提供劳务的日期或开具发票的日期；

（2）购买方"名称""纳税人识别号""地址、电话""开户行及账号"，按照购买方真实信息填写；

（3）"密码区"在填制完毕打印发票时自动生成；

（4）"单价"为不含税价；

（5）"税率"按照不同货物、劳务或服务及企业性质分别为13%、9%、6%、5%、3%；

（6）填入"数量""单价""税率"之后，系统自动生成"税额""合计""价税合计"内容；

（7）打印出纸质发票或电子发票后，需要加盖发票专用章或财务专用章。

例 5-4

报销单填制

上海衡久装饰材料有限公司　差旅费报销单

报销日期：2020 年 01 月 09 日　　　　　　　　　　　　　　附单据　3 张

姓名	王中		部门		销售部		出差事由		参加苏州展销会		
	起程		到达			交通费		出差补贴		住宿费	合计
月	日	地点	月	日	地点	交通工具	金额	天	金额	天	金额	
1	7	上海	1	7	苏州	高铁	34.50	2	300.00	1	200.00	534.50
1	8	苏州	1	8	上海	高铁	34.50					34.50
		合计					69.00		300.00		200.00	569.00
实际报销	人民币（大写）	伍佰陆拾玖元整										

财务主管：王丹　　　　　　　报销人：王中　　　　　　　出纳：程丽

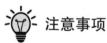

注意事项

(1) "报销日期"按照报销日期填写；

(2) 大写金额需要紧跟"人民币（大写）"，不得空格；

(3) "报销人"需要在填完单据后签章。

例 5-5

入库单填制

安徽优凡家具公司　入库单

仓库：成品库

交库单位：生产车间　　　　2019 年 12 月 23 日　　　　编号：122

产品编号	规格	产品名称	计量单位	数量		单位成本	总成本	备注	
				送检	实收				
♯1	2 m * 1.5 m	餐桌	张	200	200	1,000.00	200,000.00	完工入库	第二联 财务联

车间主管：姚全　　保管员：吴翔　　记账：张欣　　制单：赵亮

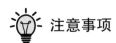
注意事项

(1) "交库单位"按照货物来源填写；

(2) "仓库"按照货物所属仓库填写；

(3) "送检"按照合同、报送单等相关资料填写；

(4) "实收"按照实际验收入库数量填写。

2. 原始凭证审核举例

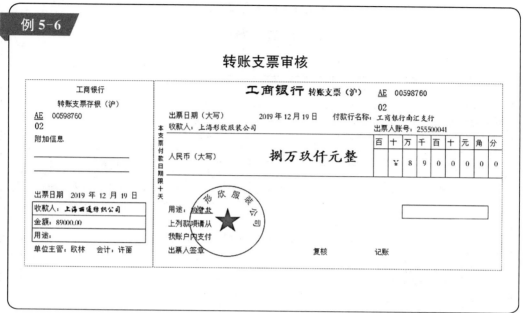

例 5-6

💡 错误

(1)"出票日期"未大写；

(2)大写金额未紧跟"人民币(大写)",存在空格；

(3)存根"金额"前未加"￥"；

(4)存根"用途"未填写。

例 5-7

增值税发票审核

上海增值税专用发票　　　No 57148876

发票联　　开票日期:2020 年 1 月 29 日

34001900105

购买方	名称:上海居家发地产开发有限公司 纳税人识别号:914090910109809898 地址、电话:上海市浦东新区拱极路 11 号 021-6807001 开户行及账号:农业银行南汇支行	密码区	略

货物或应税劳务、服务名称	规格型号	单位	数量	单价	金额	税率	税额
水泥	♯325	吨	20,000	280.00	5,600,000.00	13％	728,000.00
合　计					￥5,600,000.00		￥728,000.00

价税合计(大写)	⊗陆佰叁拾贰万捌仟元整　(小写)￥6,328,000.00

销售方	名称:上海秀林建筑材料有限公司 纳税人识别号:914090902099809767 地址、电话:上海市浦东新区青春路 390 号 021-6803488 开户行及账号:	备注	

收款人:　　　复核:　　　开票人:季节　　　销售方:(章)

第二联:发票联购买方记账凭证

错误

(1) 购买方"账号"未填写；

(2) 销售方"开户行及账号"未填写；

(3) 销售方未盖章。

例5-8 借款单审核

借 款 单
2019年12月29日

部门	采购科	借款人		借款事由	江苏考查供应商							
人民币（大写）			三千五百元整			十万	万	千	百	十	元	角	分
						¥		3	5	0	0	0	0
领导批示	意见： 年 月 月	现金付讫		借款人（签章）	王舒 2020年2月10日							

错误

(1)"借款人"未填写；

(2)大写金额未紧跟"人民币(大写)",存在空格；

(3)"人民币大写"未采用中文大写数字；

(4)"领导批示"未填写。

（五）技能实训

实训 5-1

实训企业相关信息

(1) 企业名称：上海华天家具公司

(2) 地址：上海市余兴路888号

(3) 电话：021-63588990

(4) 法定代表人：祝友

(5) 纳税人识别号：913889907420109210

(6) 企业开户行：中国工商银行上海市静安支行，账号：267-0154321

(7) 会计：张燕

(8) 出纳：许军

原始凭证填写

以下为实训企业2020年2月发生的部分业务,请根据业务内容补充填写对应原始凭证。

(1) 3日,从银行提取备用金4 000元。

工商银行 现金支票存根(沪)		工商银行 现金支票(沪) DH 00565620 02
DH 00565620 02		出票日期(大写)　年　月　日　　付款行名称:
附加信息		收款人:　　　　　　　　出票人账号:
		人民币(大写)　　　　　　百十万千百十元角分
出票日期　年　月　日		
收款人:	用途:	
金额:	上列款项请从	
用途:	我账户内支付	复核　　　记账
单位主管:略　会计:	出票人签章	

(2) 5日,生产车间主任向东申请领用布料(规格2米)3 000米生产沙发,布料单价为300元/米,经由张琴审批同意后,由于库存不足同意领取2 500米。

领 料 单

领料部门:　　　　　　　　　年　月　日　　　　　　　　编号:001

材料名称	编号	规格	单位	数量		单价	金额	用途
				请领	实领			
审批	意见: 　　　　　　　　　签字:　　　　　　　年　月　日							

记账:略　　　　　　　发料人:略　　　　　　　领料人:

(3) 10日,销售部成功向上海家具贸易公司(纳税人识别号:91509908756092179090,地址:上海市星火路380号,电话:021-65390928,开户行:中国工商银行闵行支行,账号:567303729)销售400件茶几,茶几单价2 500元/台,会计人员开具增值税专用发票。

上海增值税专用发票

No 57167632

34001954201

发票联　　　　　开票日期:　　年　月　日

第二联:发票联购买方记账凭证

购买方	名称: 纳税人识别号: 地址、电话: 开户行及账号:			密码区	略		
货物或应税劳务、服务名称	规格型号	单位	数量	单价	金　额	税率	税　额
合　计							
价税合计(大写)	⊗				(小写)		
销售方	名称: 纳税人识别号: 地址、电话: 开户行及账号:			备注			

收款人:　　　　复核:　　　　　　开票人:略　　　　　销售方:(章)略

实训5-2

原始凭证审核

以下为实训企业部分原始凭证,请找出每张原始凭证的错误,并说明理由。

(1) 产品出库单。

上海华天家具公司 出库单

仓库：

购买方： 2020年2月11日 编号：102

产品编号	规格	产品名称	计量单位	数量 应发	数量 实发	单位成本	总成本	备注
#1	3m*2.5m*0.5m	衣柜	个	300		3,000.00	900,000.00	销售出库

二财务联

供销主管：林周　　保管员：吴颖　　记账：温可　　制单：

(2) 电子转账凭证。

ICBC 中国工商银行 电子转账凭证

币种：人民币　　委托日期：2020年02月02日　　凭证编号：00896543

付款人	全称	上海华天家具公司	收款人	全称	上海东一纺织公司
	账号	267-0154321		账号	258900047
	汇出地点	上海市		汇入地点	上海市
	汇出行名称	工商银行静安支行		汇入行名称	

金额	人民币（大写）柒万捌仟六百元整	百	十万	千	百	十元	角	分
			7	8	6	0 0	0	0

附加信息及用途	支付密码
支付货款。	根据中国工商银行上海华天家具公司客户129980电子命令，上述款项已由本行支付。
	银行盖章(略)　　客户经办人：6766　复核：　　记账：

第一联 开户回单

第二节 记账凭证填写

通过本次实训,掌握记账凭证的基本要素,熟悉填制和审核记账凭证的基本程序和方法,能理解原始凭证与记账凭证之间的关联,学会分析经济内容,能有条理、有逻辑地处理经济业务。

(一) 记账凭证的种类

记账凭证是财会部门根据原始凭证填制,记载经济业务内容,确定会计分录,作为记账依据的会计凭证。

记账凭证按照不同的划分依据可以划分为不同类别:

(1) 按照用途,可分为专用记账凭证和通用记账凭证,其中,专用记账凭证按照其反映的经济业务内容可以分为收款凭证(见表 5-1)、付款凭证(见表 5-2)和转账凭证(见表 5-3),具体样式见表 5-1 至表 5-3;

(2) 按照填列方式,可以分为单式记账凭证和复式记账凭证。

企业应该根据自身的特点选择不同类别的记账凭证。

表 5-1 收款凭证示例

<u>收 款 凭 证</u>
<u>年 月 日</u>

借方科目： ＿字第＿号

摘 要	应贷科目		过账	金 额									
	总账科目	明细科目		千	百	十	万	千	百	十	元	角	分
合 计													

附件 张

财会主管： 记账： 出纳： 复核： 制单：

表 5-2 付款凭证示例

<u>收 款 凭 证</u>
<u>年 月 日</u>

贷方科目： ＿字第＿号

摘 要	应借科目		过账	金 额									
	总账科目	明细科目		千	百	十	万	千	百	十	元	角	分
合 计													

附件 张

财会主管： 记账： 出纳： 复核： 制单：

表 5-3　转账凭证示例

转 账 凭 证

年　月　日　　　　　　　　　　　　　　　　　　_字第_号

摘要	总账科目	明细科目	过账	借方金额										贷方金额									
				千	百	十	万	千	百	十	元	角	分	千	百	十	万	千	百	十	元	角	分
合　计																							

附件　张

财会主管：　　　　　　记账：　　　　　　复核：　　　　　　制单：

（二）记账凭证的填写

1. 日期填写

一般按照编制记账凭证的日期填写，对于计提折旧、成本计算、费用分配、期末结转等，填写编制当月的最后一天。

2. 编号填写

企业使用不同类型记账凭证，有不同的编号填写方法。

企业使用专用记账凭证，统一使用"收字第××号"、"付字第××号"、"转字第××号"三类编号法进行编号，或使用现"收字第××号"、"银收字第××号"、"现付字第××号"、"银付字第××号"、"转字第××号"五类编号法进行编号；企业使用通用记账凭证，统一使用"记字第××号"进行编号。

另外,当一个经济业务需要填写两张或两张以上记账凭证时,应编写分号,即在上述记账凭证编号后用分数形式表示,例如,第2号记账凭证需要填制三张记账凭证,则第一张的编号为 $2\frac{1}{3}$,第二张的编号为 $2\frac{2}{3}$,第三章的编号为 $2\frac{3}{3}$。

3. 摘要填写

根据经济业务内容,在记账凭证摘要栏简要填写,要求真实、准确、易理解。

4. 会计科目填写

会计科目是经济业务的会计语言,将经济业务转为会计分录之后,在总账科目栏与明细科目栏分别填写会计科目全称,不得简写或填写科目编码。在填写时,从第一行逐行往下填写,不得跳行,也不得一行填写多个明细科目。

5. 金额填写

记账凭证中金额的填写使用阿拉伯数字,金额应该填写至分位,如果经济业务没有角、分,则使用"0"代替,不得空位。对应的每个会计科目填写完金额后,在合计行填写借、贷方合计金额,并在金额前一格填写"¥",非合计栏不填写"¥"。记账凭证中的空行部分,在金额栏从最后一笔金额数字下的分位到合计行上最高位画斜线("/")或S形线进行注销。

6. 附件数量填写

凡是与记账凭证经济业务内容相关的凭证都应作为记

账凭证的附件,并用阿拉伯数字填写。记账凭证除了期末结账和更正错账外,一律应当附上原始凭证,并写明附件张数。当一张或几张原始凭证涉及多张记账凭证时,可将原始凭证粘贴在一张主要的记账凭证后,在其他记账凭证上注明"原始凭证见××号记账凭证"。

7. 签章填写

记账凭证填写完毕后,应当由编制人员、审核人员检查和审核后签章。

(三)记账凭证的审核

(1)审核记账凭证是否附有原始凭证,原始凭证是否齐全,内容是否真实、合法,记账凭证记录的内容是否与原始凭证的内容相符。

(2)记账凭证的应借、应贷会计科目是否正确,账户关系是否清楚,金额是否正确并且与原始凭证一致。

(3)摘要填写是否清楚,能易于理解。

(4)记账凭证有关项目是否填写完备,如日期、凭证编号、附件张数、相关人员签章等。

(四)典型实训范例

 实训范例

例 5-9

承接例5-2,企业收到客户欠款,假设为当月第一次收取货币资金,对应的凭证字号为"收字第01号",填写以下凭证:

收 款 凭 证

借方科目：银行存款　　　2020 年 01 月 01 日　　　收 字第 01 号

摘要	应贷科目		过账	金额								
	总账科目	明细科目		千	百	十	万	千	百	十	元	角	分
收到欠款	应收账款	霞光公司					9	0	0	0	0	0	0
合　计							¥	9	0	0	0	0	0	0

附件 1 张

财会主管：　　记账：　　出纳：习文　　复核：　　制单：何江

例 5-10

承接例 5-1，企业采用现金支票提取备用金，假设对应的凭证字号为"付字第 15 号"，填制以下付款凭证：

付 款 凭 证

贷方科目：银行存款　　　2019 年 08 月 11 日　　　付 字第 15 号

摘要	应借科目		过账	金额								
	总账科目	明细科目		千	百	十	万	千	百	十	元	角	分
提取备用金	库存现金							5	0	0	0	0	0
合　计								¥	5	0	0	0	0	0

附件 1 张

财会主管：　　记账：　　出纳：张三　　复核：　　制单：李四

例 5-11

根据例 5-3 的增值税专用发票，企业采用赊销方式销售产品，并且当日全部将产品出库并发运，获得销售合同、出库单、发运单、增值税专用发票四份原始凭证，假设凭证的字号为"转字第 30 号"，填写以下凭证：

<u>转 账 凭 证</u>

2020 年 01 月 20 日　　　　　　　　　　　　　　　　　　　　　　转 字第 <u>30</u> 号

摘要	总账科目	明细科目	过账	借方金额 千 百 十 万 千 百 十 元 角 分	贷方金额 千 百 十 万 千 百 十 元 角 分
赊销餐桌	应收账款	米粒家居		1 6 9 5 0 0 0	
	主营业务收入	餐桌			1 5 0 0 0 0 0
	应交税费	应交增值税			1 9 5 0 0 0
合　　计				¥　1 6 9 5 0 0 0	¥　1 6 9 5 0 0 0

附件 4 张

财会主管：　　　　　　记账：　　　　　　复核：　　　　　　制单：韩秀珠

（五）技能实训

A 企业会计人员为张三，出纳为李四。以下是 A 企业 2020 年 2 月发生的部分业务，请根据内容描述，填写记账凭证。

实训 5-3

2月3日，A企业将现金40 000元存入银行，取得一张现金解缴单，凭证字号为"付字01号"。

付 款 凭 证

贷方科目：　　　　　　　　　　　　　年　月　日　　　　　　　　　　　　__字第__号

摘　要	应借科目		过账	金　额									
	总账科目	明细科目		千	百	十	万	千	百	十	元	角	分
合　计													

附件　张

财会主管：　　　　记账：　　　　出纳：　　　　复核：　　　　制单：

实训 5-4

2月5日，A企业收到B公司转来的前欠货款50 000元，已收入银行，取得一张银行电汇通知单，凭证字号为"收字03号"。

收 款 凭 证

借方科目：　　　　　　　　　　　　　年　月　日　　　　　　　　　　　　__字第__号

摘　要	应贷科目		过账	金　额									
	总账科目	明细科目		千	百	十	万	千	百	十	元	角	分
合　计													

附件　张

财会主管：　　　　记账：　　　　出纳：　　　　复核：　　　　制单：

实训 5-5

2月29日,A企业计提行政管理部门固定资产折旧4 000元,凭证字号为"转字34号"。

转 账 凭 证

年 月 日　　　　　　　　　　__字第__号

摘要	总账科目	明细科目	过账	借方金额										贷方金额									
				千	百	十	万	千	百	十	元	角	分	千	百	十	万	千	百	十	元	角	分
	合 计																						

财会主管:　　　　　记账:　　　　　复核:　　　　　制单:

附件 张

第三节　会计账簿填写

教学目标

通过本次实训,熟悉会计账簿的基本要素,掌握日记账的填写规范,熟悉三栏式明细账、多栏式明细账的填写规范,能理解记账凭证与会计账簿之间的对应关系,学会有条理、有逻辑地处理经济业务,能认真、仔细地完成会计账簿登记。

（一）日记账的填写规范

1. 现金日记账

现金日记账规范如表 5-4 所示。

表 5-4　现金日记账规范表

项目	要　求
设置方法	按照币种设置明细账
登账人员	出纳
登账依据	经审核无误的现金收款凭证、现金付款凭证、银行存款付款凭证或通用记账凭证，依次填写日期、凭证编号、摘要、支票号码、对方科目、过账符号、发生额、余额等
登账方法	逐日、逐笔、序时登记，做到日清月结。每日结出余额，与库存现金核对相符
账簿格式	采用订本式，账页一般使用三栏式（参考表 5-4）

2. 银行存款日记账

银行存款日记账规范如表 5-5 所示。

表 5-5　银行存款日记账规范表

项目	要　求
设置方法	按照币种及开户银行设置明细账
登账人员	出纳
登账依据	经审核无误的银行存款收款凭证、银行存款付款凭证、现金付款凭证或通用记账凭证，依次填写日期、凭证编号、摘要、支票号码、对方科目、过账符号、发生额、结余金额等
登账方法	逐日、逐笔、序时登记，做到日清月结。每日结出余额，定期与银行对账单核对相符
账簿格式	采用订本式，账页一般使用三栏式

（二）三栏式明细账的填写规范

三栏式明细账的填写规范如表5-6所示。

表5-6 三栏式明细账的填写规范表

项目	要 求
设置方法	根据需要开设二级科目或明细科目,如客户或供应商
登账人员	会计
登账依据	经审核无误的记账凭证及原始凭证或原始凭证汇总表,依次填写日期、凭证编号、摘要、发生额、余额方向、余额等
登账方法	一般每日登记或定期汇总登记
账簿格式	采用活页式
适用范围	一般适用于只需记录金额的经济业务,如债权、债务结算、资本类账户等

（三）多栏式明细账的填写规范

多栏式明细账的填写规范如表5-7所示。

表5-7 多栏式明细账的填写规范表

项目	要 求
设置方法	根据需要开设二级科目或明细科目,如产品
登账人员	会计
登账依据	经审核无误的记账凭证及原始凭证或原始凭证汇总表,依次填写日期、凭证编号、摘要、借方发生额/贷方发生额、借方金额分析/贷方金额分析
登账方法	逐笔登记或定期汇总登记
账簿格式	采用活页式
适用范围	主要适用于管理上需要了解其构成内容的成本费用、收入账户,如管理费用、制造费用、生产成本、主营业务收入等

表 5-8 现金日记账示例

现 金 日 记 账

年		凭证		摘要	支票号码	对方科目	√	收入（借方）金额									付出（贷方）金额									结余金额								
月	日	字	号					千	百	十	万	千	百	十	元	角	分	千	百	十	万	千	百	十	元	角	分	千	百	十	万	千	百	十	元	角	分

(四) 典型实训范例

 实训范例

例 5-12

承接例 5-9 及例 5-11，填写对应的银行存款日记账、应收账款明细账、主营业务收入明细账，见表 5-9、表 5-10、表 5-11，另外，在凭证上将已登记账簿的会计科目在过账处画"√"，登记账簿人员在"记账"处签章，如下：

收 款 凭 证

借方科目：银行存款　　　　　2020 年 01 月 01 日　　　　　收 字第 01 号

摘 要	应贷科目		过账	金 额									
	总账科目	明细科目		千	百	十	万	千	百	十	元	角	分
收到欠款	应收账款	霞光公司	√				9	0	0	0	0	0	0
合　　计				¥			9	0	0	0	0	0	0

财会主管：　　　　记账：陈东　　　出纳：习文　　　复核：林琳　　　制单：何江

转 账 凭 证

2020 年 01 月 20 日　　　　　　　　　　　转 字第 30 号

摘 要	总账科目	明细科目	过账	借方金额										贷方金额									
				千	百	十	万	千	百	十	元	角	分	千	百	十	万	千	百	十	元	角	分
赊销餐桌	应收账款	米粒家居					1	6	9	5	0	0	0										
	主营业务收入	餐桌	√														1	5	0	0	0	0	0
	应交税费	应交增值税																1	9	5	0	0	0
合　　计					¥		1	6	9	5	0	0	0		¥		1	6	9	5	0	0	0

财会主管：　　　　记账：方芳　　　　复核：吕伟　　　　制单：韩秀珠

附件 1 张

附件 4 张

（五）技能实训

请根据实训 5-3、实训 5-4、实训 5-5 的记账凭证填写对应的明细账,见表 5-12 至表 5-16。

表 5-9 银行存款日记账示例

银行存款日记账

2020年		凭证		摘要	支票号码	对方科目	√	收入(借方)金额	付出(贷方)金额	结余金额
月	日	字	号					千百十万千百十元角分	千百十万千百十元角分	千百十万千百十元角分
1	1			月初余额						2457909.08
1	1	收	1	收到欠款	17027888	应收账款		900000.00		2547909.08

表 5-10 应收账款明细分类账

应收账款明细分类账

二级科目编号及名称 112201 霞光公司　　总第 1 页　分第 1 页

2020年		凭证		摘要	对方科目	借方金额	贷方金额	借或贷	余额
月	日	字	号			千百十万千百十元角分	千百十万千百十元角分		千百十万千百十元角分
1	1			月初余额				借	2000000.00
1	1	收	1	收到欠款	应收账款		900000.00	借	1100000.00

表 5-11 主营业务收入明细分类账示例

主营业务收入明细分类账

二级科目编号及名称 6001   总第 1 页 分第 1 页

2020年		凭证		摘要	贷方金额	(贷)方金额分析			
月	日	字	号			衣柜	餐桌	床	茶几
1	1	转	1	赊销茶几	600000.00				600000.00
1	10	收	3	现销衣柜	890000.00	890000.00			
1	17	转	22	赊销床	450000.00			450000.00	
1	20	转	30	赊销餐桌	15000.00		15000.00		

表 5-12 现金日记账示例

现 金 日 记 账

2020年		凭证		摘要	支票号码	对方科目	收入(借方)金额	付出(贷方)金额	√	结余金额
月	日	字	号							
1	1			月初余额					√	2890.00

表 5-13 银行存款日记账示例

银 行 存 款 日 记 账

2020年		凭证		摘要	对方科目	支票号码	√	收入(借方)金额 千百十万千百十元角分	付出(贷方)金额 千百十万千百十元角分	结余金额 千百十万千百十元角分
月	日	字	号							
1	1			月初余额						3 8 8 0 2 1 8 1 3

表 5-14 应收账款明细分类账示例

应收账款明细分类账

二级科目编号及名称 112201 B公司　　　　　　　　　　　　　　　　总第 1 页　　分第 1 页

2020年		凭证		摘要	对方科目	借方金额 千百十万千百十元角分	贷方金额 千百十万千百十元角分	借或贷	余额 千百十万千百十元角分
月	日	字	号						
1	1			月初余额				借	1 8 0 0 0 0 0 0
	3	转	2	赊销甲产品	主营业务收入	8 0 0 0 0 0 0 0		借	2 6 0 0 0 0 0 0

表 5-15 累计折旧明细分类账示例

累计折旧明细分类账

一级科目编号及名称 1602   总第 1 页 分第 1 页

2020年		凭证		摘要	对方科目	借方金额									贷方金额									借或贷	余额								
月	日	字	号			千	百	十	万	千	百	十	元	角	分	千	百	十	万	千	百	十	元	角	分		千	百	十	万	千	百	十	元	角	分
1	1			月初余额																						贷				4	5	7	3	6	1	0	1

表 5-16 管理费用明细分类账示例

管理费用明细分类账

一级科目编号及名称 6602   总第 1 页 分第 1 页

2020年		凭证		摘要	贷方										（借）方金额分析				
月	日	字	号		千	百	十	万	千	百	十	元	角	分	办公费	工资	折旧费	差旅费	水电费	其他
1	2	付	2	采购办公用品					2	0	0	0	0	0	2000.00					
	10	转	23	报销差旅费				4	0	0	0	0	0	0				40000.00		
	17	付	22	支付水电费				2	5	4	0	0	0	0					25400.00	
	29	转	33	计提工资				3	6	0	0	0	0	0		36000.00				

图书在版编目(CIP)数据

会计基础技能实训/刘飞主编. —上海：复旦大学出版社,2024.9
ISBN 978-7-309-17208-9

Ⅰ.①会… Ⅱ.①刘… Ⅲ.①会计学-基本知识 Ⅳ.①F230

中国国家版本馆 CIP 数据核字(2024)第 020975 号

会计基础技能实训
刘　飞　主编
责任编辑/郭　峰

复旦大学出版社有限公司出版发行
上海市国权路 579 号　邮编：200433
网址：fupnet@fudanpress.com　http://www.fudanpress.com
门市零售：86-21-65102580　　团体订购：86-21-65104505
出版部电话：86-21-65642845
杭州日报报业集团盛元印务有限公司

开本 787 毫米×1092 毫米　1/16　印张 10.5　字数 122 千字
2024 年 9 月第 1 版第 1 次印刷

ISBN 978-7-309-17208-9/F・3033
定价：46.00 元

如有印装质量问题,请向复旦大学出版社有限公司出版部调换。
版权所有　　侵权必究